我才不是女性主義者

WHY I AM NOT A FEMINIST: A FEMINIST MANIFESTO

傑莎·克里斯賓——著
Jessa Crispin
柯昀青——譯

一本好書應該要揭開瘡疤，甚至創造新傷。
書，理應危險。

——蕭沆（E. M. Cioran），羅馬尼亞哲學家

目次

・導論 6
・第一章 普世女性主義的問題 13
・第二章 女性沒有一定要成為女性主義者 33
・第三章 每個選擇同樣都很女性主義 46
・第四章 女性主義怎麼會落得從事父權主義的工作 63
・第五章 自我培力只是自我陶醉的另一種說詞 76
・第六章 我們所選擇的戰爭 101
・第七章 男性不是我們要處理的問題 118
・第八章 安全是個腐化的目標 140
・第九章 我們現在該往哪裡去 157
・作者後記 162
・譯後記 164

導論

你自認為是女性主義者嗎？

你認同女性也是人類，且應該被看作是人一般地對待嗎？你認為女性應該與男性一樣，享有相同的權利與自由嗎？如果答案是肯定的，那麼你就是一名女性主義者——至少長久以來，所有的女性主義者都如此堅稱。

即便字典中對女性主義一詞的定義簡單明瞭，即便我曾在非營利組織從事婦女運動的倡議工作多年，我現在已經不使用這個標籤來定義自己了。如果今天你問我是不是一位女性主義者，我不但會否認，嘴上可能還會噙著冷笑。

別擔心——我並不是因為害怕被世間男女妖魔化成那種不刮腿毛、成天生氣、仇視男性的女性主義者，才否認這個稱號。我也不會一再向你重申我其實相當友善、我其實非常理智、我其實服膺異性戀霸權、我其實喜歡男性，以及我其實並不排斥性愛——即便在過去這十五年來，上述這些聲明彷彿成爲所有性別論述／女性主義者書寫的起手式。

眞要說起來，上面這種強調自己很無害、不張牙舞爪且人盡可幹的姿態，才是讓我開始拒斥使用女性主義者一詞的眞正原因。對於所謂的失格女性主義者討論、各種《塔木德》[1]式的行爲規範探問（請問女性主義者可以幫私處做蜜蠟除毛嗎？）、不斷向觀眾（尤其是男性觀眾）重申自己要的並不多，或者強調自己並不是要無限上綱（相信我們，其實我們也搞不懂安德莉雅·德沃金〔Andrea Dworkin〕到底在說什麼），或把口交視爲傳教般的偉大行徑——這

1《塔木德》（Talmud）是猶太教中的重要宗教文獻，詳細記載了猶太教的律法，以及適當的行爲與道德規範。

些在在讓我厭煩不已。

在走向女性解放的路途中，不知怎地，讓女性主義成爲普世價值儼然成爲最有效的方法。然而，比起去創造一個更能吸引衆人的世界與哲學，或是打造一個基於平等、社群與互惠價值的世界，反而是女性主義本身被認爲必須要爲了當代的男男女女，被重新品牌化、重新行銷。

抱持這種思維的人忘記了，如果有什麼事情要能夠讓所有人接受，那它必然走向庸俗。越沒有威脅性、越無能，就越好，所以才需要擺出那種無害的姿態。人們普遍不喜歡出現巨變，所以若想要爭取更多人的支持，女性主義的主張最好不要離現況太遠——只要大家做點小調整就好。

換句話說：**女性主義必然會變得毫無意義**。

基進的（radical）改變當然令人害怕——實際上，應該要令人畏懼。我所支持的女性主義，就是這樣一場顚覆式的革命：女性不僅是被允許參與既存的世界秩序而已，更應該有能力積極改造這個腐敗至極的世界——打從創始之初，這個秩序就是遵循父權的邏輯而生，目的正是要征服、控制與毀滅所有試圖挑戰的人。女性不該只是去敲敲教會、政府機關、資本主義市場的大門，客氣地請求進入，而應該要大膽創立屬於她們自己的宗教體系、政治體制與經濟制度。我所主張的女性主義，不是等到推動多年回首才發現彷彿「萬事如舊，只是變得更好」的那種漸進式改變，而是一場燒毀萬物、洗盡鉛華的烈焰。

催生既有體制的本質就是壓迫，而對如斯體制呼籲道：「呃，請不要再壓迫我了好嗎」，完全就是請鬼抓藥單。唯一值得我們投入精力的事情，就是要徹底瓦解並全面取代現有的制度。

這就是為什麼我對這樣的女性主義如此無感：浮躁地強調「自我培力」，心不在徹底破壞父權文化，只志在提高女性執行長或女性軍事將領的比例。這樣的女性主義不需要思考、不需要不適感、也不需要真正的變革。

如果女性主義是一套世間男女都能欣然接受的普世價值，那就不是我要的女性主義。

如果女性主義不過是把個人成就僞裝成政治進步，那就不是我要的女性主義。

如果自稱爲女性主義者，就必須要反覆重述「我沒有生氣」、「我沒有威脅性」，那就不是我要的女性主義。

因爲我很生氣。而且我確實很有威脅性。

如果女性主義是：

- 一種自戀、自我耽溺式的思考過程：只要我定義自己是女性主義者，無論我做的事情有多庸俗或多保守，那都是女性主義的行爲。換句話說，不管我做什麼，我都是英雄。

- 爲了讓女性能夠平等參與這場壓迫弱者、壓迫窮者的遊戲，所做的努力。
- 一種用來羞辱並且讓異議者噤聲的方法，因爲天眞地認爲意見分歧或起衝突都是壓迫。
- 一種防衛體制，可以透過警告、政治正確語彙、暴民規則、紮稻草人的方式，讓人永遠不需要覺得不舒服或者被挑戰。
- 對一隻鼻尖上沾著鮮奶的小貓，擺出攻擊姿態的狗。
- 要花十年討論何謂好的電視節目，以及何謂不好的電視節目。
- 就像一款新改版的無味汽水——具有巨大市場潛力，主打喜好和平理性、溫良恭儉讓的族群，經科學證實可以消除骨中鈣質，讓你越喝越沒骨頭。文案：「去吧，做隻怪獸。你値得的。」

・志向：雖然覺得失敗者很淒慘，但反正事不關己。將成功人士視爲榜樣，盡力模仿學習她們的生活方式，期待終有一天自己的生活能跟她們一樣完美——經濟富裕、生活舒適，且臀部緊實。

如果女性主義的內涵只是如此，那麼，我不是女性主義者。

第一章　普世女性主義的問題

每個女人都應該要是女性主義者。現在我們很常在網路上、雜誌上、日常對話中聽到這句話。而且，這種主張普世女性主義（universal feminism）的論點還強調，其實你搞不好已經是女性主義者了！如果你相信男女之間應該要同工同酬，或者認爲女性有權利爲自己的醫療或育兒規劃作主，那麼你其實就已經是女性主義者，應該要「奪回」（reclaim）這個詞彙。

普世女性主義的概念深入大眾文化的程度可謂前所未見。過去數十年來，女性名人們極力避免讓自己被貼上這個標籤，以免自己看起來變得不友善、不合市場胃口。但現在，風向已經轉變。過去顯得極不時尚，現在卻蔚爲流行；過去不合市場胃口，現在卻成爲行銷策略。名人、音樂家、女演員們全都開始自豪地高喊女性主義，無論在雜誌、電視節目、歌詞裡頭，四處都能見到其蹤影。女性主義正當道。

好，所以我們已經知道，所有人都應該稱呼自己是女性主義者。但這樣做到底可以成就什麼，這一點就有點模糊。當我們替自己貼上標籤、使用這個字眼、採買正確的T恤（像是Acne Studio那條寫著基進女性主義者〔RADICAL FEMINIST〕、要價220美金的圍巾，或是那件寫著相同標語、售價650美金的毛衣），自豪地穿上這些衣服出門後，接下來我們到底要幹嘛？容我問一句，到底我們現在是要**從誰手上**奪回這個字眼？

是那些替我們糟蹋了這個字眼的男人嗎？男人花了好多時間扭曲這個字，將它變成一種汙辱，創造恐慌，說那些女權納粹分子（feminazi）的瘋女人會毀滅整個社會、會觸怒上帝，引來颶風與地震。不過，答案不是男人。因爲當右翼傳教士成天用這個字眼咒罵你、試圖讓你感到羞愧，其實只會讓你更驕傲地接受這個名號。

比起男人，今天女性是要求女性，從其他女性手中奪回**女性主義者**這個字。現在的女性主義者，指控實際上的女性主義者毀壞了這個運動的良好名聲，而且害得其他女性不願投身加入。

女性主義過去一向都是邊緣文化，是一小群倡議分子、基進主義者與怪人們，要強迫這社會向她們靠攏。成爲婦女參政權運動者、用鐵鍊將自己綁在鐵欄杆上、絕食抗議、打破窗戶丟入炸彈的那些人，並不是女性中的主流群體。當時女性中的主流群體，要不就是不在乎這些議題，要不就是希望她們別再鬧了。並不是那些主流群體，爲女性開闢公領域的生活、組織女性自營的銀行與事業、串連各個安全（雖然仍非法）的墮胎服務提供者、爭取女性在教育體系裡的位置，並生產基進的文字與宣言。第二波女性主義時的多數女性，只要求舒適安穩（已婚）的生活，然後再多一點點獨立性。

一直以來，都是由少數基進的、投注大量心力的女性，在做這些拉扯女性地位的苦差事，而且手段與言行往往驚世駭俗。多數的女性，則從這些少數女性的苦功中獲益，即使她們往往很快就想要撇清自己與倡議者之間的關係。

但現在，在基進分子與主流群體之間，卻出現一種截然不同的動態關係。現在的主流群體想要基進的空間，卻又拒斥基進分子的所作所為。我在現今的年輕女性主義者口中聽到**女權納粹**的次數，遠遠多於我從那些右翼男性口中聽到的次數。而且她們的用法極其相似，都是用來羞辱，並劃清自己與那些倡議分子、革命分子之間的界線。當代最主流的女性主義作家們已經作繭自縛，試圖將自己與前人區隔，刻意曲解安德莉雅・德沃金以及凱薩琳・麥金儂（Catharine MacKinnon）等人的作品，並拒絕與之有任何連結。當專欄作家羅利・佩尼（Laurie Penny）在《新政治人》（*New Statesman*）專欄中提到德沃金的「武器化的羞恥」概念時，完全沒有任何解釋，就兀自為德沃金的信念系統下定論，指出這個概念「在我所認同的女性主義中，沒有一席之地」。

爲了要讓每個人都認同女性主義，她們就得確保沒有任何一人會因爲女性主義的目標而感到不舒服，因此那些曾經倡議基進社會改革的女性，現在全部出局。使人感到不舒服，本來就是女性主義的重點。爲了要讓一個人，或者讓社會，可以做出劇烈的改變，就勢必要有心理或情緒上的震盪。因爲人一定要感覺，而且是強烈地感覺到，「有需要改變」，才可能願意眞正做出改變。一個人人都舒服的女性主義，其實就是一個人人都只爲自己利益，而不是爲整體社群利益的女性主義。所以，當女性主義蔚爲時尚，眞正女性主義者的努力——像是創造更平等的社會，就會變得前所未有的過時俗氣。

讓女性主義成爲普世追求的價值，乍看之下可能是件好事，或至少是一件中立的事情，但這件事實際上推動了（就我而言可說是加速了）對女性主義運動的傷害，因爲它讓焦點開始從社會轉變到個人身上。過去的女性主義曾經是集體行動，以及對於這世上的女性應該如何生活與工作的共同遠景，現在卻淪爲認同政治——關注個人歷程與成就，而且不願意和持不同意見、不同世界觀、不同歷史的人共享空間。我們不停地被分成一個又一個的小團體，直到我們只剩下自己，自己的煩惱、自己的力量都只能向內運轉，而不再向外。

在你閱讀當代女性主義文獻時，其實你應該感到好奇：爲什麼要這麼強調奪回這個標籤？當一個女人相信她應該要獲得同工同酬的待遇、相信她有權決定自己是否要墮胎，並也據此信念投票，到底爲何我們需要在乎她是否自認爲女性主義者？

一位女性，就算她強烈信仰平等價值，也有許多正當理由不願意自認爲女性主義者。女性主義也曾有過不受歡迎的時刻——包括某些運動領導者的種族盲[1]問題，或者在反色情片運動中支持基督教領導者——想當然爾，有些女性難以化解這些失敗對整個運動價值的貶損。

但與其先聽你說，你爲什麼不願意自認爲女性主義者，並嘗試說服你改變心意，普世女性主義論者會直接告訴你理由。她們堅持，你一定是覺得，所有的女性主義者都是女同志、都不刮腿毛、都仇男，而且都拒絕結婚生小孩。你一定是覺得，要成爲女性主義者，就得剃小平頭、用自己的經血創作手工藝品、聽民謠。她們認爲，你之所以對女性主義卻步，是因爲女性主義的形象問題，而且這個形象問題的源頭，就是第二波女性主義運動時的那些基進女性主義者。

如果目標是要成爲普世價值，那麼這些女性主義者就得大幅簡化她們的訊

1 指歐美性別運動者時常只聚焦白人女性的處境，並以白人女性的觀點在爭取性別權益，忽略了其他族群女性的不同經驗與參與。

息，讓唯一可能反對她們主張的人，只剩下那些宗教狂跟重度仇女者。她們似乎並不理解，將女性主義簡化得像迪士尼樂園一般輕柔可愛，正是女性轉身離開的其中一個原因。

聽著，我懂，你們這些女性主義傳教士。我知道，我們現在的處境確實令人沮喪。我們已經投入這場運動超過一百年，這個世界卻仍然抵抗女性的存在。女性仍然面對不成比例的大量性別歧視與性暴力，而她們還不知爲何得同時承受這些負擔，以及連帶而來的投射責備。被強暴，那可能是你的錯。身處一段暴力關係，可能是你的錯。你的升職停滯不前，你的男同事卻一再升遷，那可能是你的錯。性侵害的數字居高不下，成功起訴的數字卻維持低迷。社會依舊認爲女性最重要的價值取決於她帶出怎麼樣的孩子、她嫁給怎麼樣的人，而不是她們對這個世界做出什麼眞正的貢獻。

同時，現在確實有許多女性抗拒擁抱自身的解放，而此舉似乎也在同時重挫我們推動改革的計畫。

有些女性拒絕稱呼自己女性主義者，確實是因爲這個字眼對男性來說很異類。女性現在仍會選擇辭去工作，在家相夫教子，也仍會去上鋼管舞的課程，還說那是很好的運動。女性現在仍會忍痛把身上所有毛髮都除掉，也仍會爲了不要嚇跑她們的男伴而刻意裝笨。她們還是會花錢支持某些音樂人，即便他們大唱女人只是垃圾、賤貨們快打開你的嘴巴來含我的屌。女性仍然會看賣座鉅片，並且受其激勵，立志要成爲完美賢妻，或者需要救援的性感女友，而不是要成爲那個拯救世界的（男）英雄。好萊塢的女性還在製作男人拯救世界的電影，她們還在喜歡、支持而且會嫁給家暴、強暴的仇女鄉民。女性還在投給共和黨。

面對這些不甘願的姊妹們，我們到底該怎麼做？許多女性主義者心中想的答案是，要讓她們改宗、相信女性主義。而第一步（在這個新世代的空洞女性主義中，通常也就是最後一步），就是要接受這個標籤與認同。而不是，譬如說，告訴她們這世界以及女人在其中的地位其實根本是爛到有剩。

第一，我們應該要認知到**爲什麼**女性自認爲女性主義者是件很重要的事。我的意思是，對女性主義者而言，而不是對這個世界而言。這件事情與女性要選擇如何過生活，或者在工作上、在與家人或朋友相處時要有如何的行爲舉止，根本沒有關係。由於新的女性主義把焦點放在標籤與認同上，而不是整個運動的哲學或政治內容，現在最重要的事情就變成一些流於表面的東西，像是要使用正確的語彙、不要用錯（如果你用錯詞，網路女性主義內建的怒火中燒可不容易弭平，就算事實上，正確詞彙一直在改變，也救不了你）。因爲現在只要稱呼自己爲女性主義者，也會突然變成基進之舉，這些事情就會發生。

在女性主義部落格，或是像《Buzzfeed》這種假女性主義友善的網站上，你會頻頻看到這個：不願意自稱爲女性主義者的知名女性清單。這些清單會固定更新，因此那些好的女性主義者——那些有自我標籤、也認同這個字的人——就可以沮喪地對這些可憐女人所展現的無知搖頭嘆息。在評論欄，女性主義者們不但不會去閱讀每個女人拒絕該標籤的理由，也不曾試圖理解年紀較長或來自其他國家的女性背後的不同文化脈絡，反而是透過這些公開羞辱的行爲，讓她們對自己那套正確的思考方式、說話方式與標籤感覺更良好。

《半身像雜誌》（*Bust Magazine*），在過去看起來更像是女性主義刊物的時代，會詢問每一位女性受訪者，她們是否自認爲女性主義者。二〇〇五年，歌手碧玉（Björk）曾經給出否定的答案，時至今日，那些網路清單仍然在引用那一次的訪談結果。

碧玉，時常被譽爲當代最大膽、最創新的音樂人——不分性別。她曾與眾多女性音樂人、時尚設計師、導演共事，支持她們的工作。她曾多次在訪談中，公開、明白地分享，女性要在一個男性主宰的產業中生存有多困難。她已經向世界證明，她是人類以及創作人的典範，而且她也是衆多年輕音樂人心目中極其重要的楷模。如果我們知道，女性主義者對碧玉的不滿跟她的行動毫無關聯，單純只是因爲她所使用的詞彙，以及她對於自我的認同，那我們就可以理解，這只是一場女性主義的行銷大戰，而不是一場女性主義的哲學思辨。

看看碧玉，再看看那些發現女力市場價值的璀璨明星——她們大聲疾呼特定字眼，卻只用來展示落後的觀念、形象與訊息。「女性主義」這個字眼被當成批評的擋箭牌，而這些女人們還被譽爲英雄。只要你用了正確的字眼，所有事情都可以被原諒，就像獲得了一面免死金牌；而如果你不使用正確的字眼，那麼你過往一生所做的所有好事，就得全部蒙塵。

如果這個標籤不是爲了要讓更多有趣、複雜、聰明的女性進入這個世界，它到底爲何如此重要？兩個字：舒適。

如果能被支持你論點的人圍繞，你就不需要做太多思考。如果能被享有同樣認同的人圍繞，你就不需要努力去創造一個獨特的自我認同。如果能被行爲舉止相同的人圍繞，你就不需要懷疑自己所做的決定。

如果我們需要更多新的女性主義者，應該要怎麼做？有兩種方式。第一，重新打造一個品牌，讓女性主義變得不那麼有威脅性、讓人比較容易接受。創造一個方法，告訴女性，無論她們怎麼過生活，她們都已經是女性主義者了，她們唯一需要做的事情，就是改變自己身上的標籤。

爲了做到這件事，我們必須要殺死所有論斷女性主義爲何物的主張。女性主義目前在我們心中的形象，都來自第二波女性主義運動的時代。那時的女性主義，其怒氣與天然毛髮都滿天飛。爲了拒斥這個版本、爲了拒絕將其放入歷史脈絡，女性主義開始幫忙消除它自身基進的歷史。由於試圖與那些燒掉胸罩、而且腋下毛茸茸的恐怖女人保持距離，她們徹底否認與遺忘上個世代的女人做過的所有美好貢獻。

接著，非常重要的是，要如同現今眾多女性主義作家一樣，在某些時刻公開聲明：女性主義已經「太超過了」。安德莉雅．德沃金、凱薩琳．麥金儂、舒拉米思．費爾史東（Shulamith Firestone）與吉曼．基爾（Germaine Greer），這些恐怖的女人——現在這個年輕世代的女性主義者，非難她們的次數遠遠高於閱讀她們作品的次數——她們成爲代罪羔羊，而她們的著作則被有意曲解或詮釋，就是爲了要說服讀者以及可能認同普世女性主義的潛在女性主義者們。她們堅持，你當女性主義者，還是可以刮腿毛、和男人做愛、消費並支持厭女文化。你看，我們現在就這樣做啊，我們稱呼自己爲女性主義者，你當然也可以。

下一步，創造一個友善版本的女性主義。過去採用政治與社會學式的角度，來理解女性生活中面臨的壓力，現在全都改用個人選擇來理解。舉例來說，我們的文化中逼迫女性走向婚姻的實例比比皆是，包括影視中的浪漫愛敘事，或者政府的健保政策與報稅優惠。自古以來，婚姻制度就一直是用來控制女性、將其貶爲某人的所有物的方式——結婚儀式中的各種視覺設計，以及用來描述妻子、丈夫的用語，仍然高度乘載這種象徵意涵。然而，若你想結婚、選擇要結婚，而你同時自認爲女性主義者，那麼你結婚這件事情，就順勢也成爲一個很女性主義的行爲。

一旦女性主義從一個允許人們對我們的社會、人際關係以及生活拋出質疑的體系，以及一種想像、創造嶄新存在方式的途徑，轉變成一種自我培力、自我成長的方法，女性主義就可以變得普世親民。現在幾乎任何行爲或任何人都可以貼上女性主義的標籤。

第二種可以提升女性主義地位的方法，是去說服女性，只要她們稱呼自己爲女性主義者，她們的生活就會變得更美好。如此一來，女性主義儼然成爲另一套心靈自助的系統，以及告訴女性應該要有更美妙的高潮、要賺更多錢、要更快樂、在家中或在工作場合都要享有更多權力的另一種聲音。現在的目標是要自我培力——這也是這陣子許多女性主義者很愛掛在嘴邊的字。要有能力活出自己選擇的人生，而不需要關心生命可以或者應該可以變成什麼樣子。

心靈自助的文化必然會把個人從他們身處的社會脈絡中移除。這個文化告訴你，你要爲自己的快樂負責，你的快樂操之在己。心靈自助文化也是一個焦慮的文化。你的生命總有可以更好的地方，而且每個人都很容易落入持續評估與比較的狀態。我的性生活如何？我以爲還不錯，但某人的性生活似乎比我還更好，不知道類似的性生活會不會讓我變得更快樂？她是不是做了什麼我沒做的事情？我要做什麼才可以享有那樣的性生活？她的大腿比較細，如果我的大腿能再瘦一點，我猜我在床上一定可以感到更歡愉。

陷入心靈自助文化思維模式的男男女女們，會花費大把時間改善自己的

「錯誤」、自己的弱點，好讓自己能過上最理想的生活。呈現心靈自助模式的女性主義，其實不過是另一把丈量自我的尺，只是另一個評估的過程而已。於是我們會看見《性感女性主義》這種書，會看見各種探究女性主義是否會帶來更令人滿意的性生活或者浪漫愛情的科學研究，會看見各種寫著女性主義如何讓我得到升遷或者讓我獲得更美好性高潮的個人心得文。

現在我們已經徹底抹去「女性主義」這個字原本承載的所有意義，我們的地位已經提升了。然後，我們也自動（彷彿施展法術般）、瞬間創造出一個平等的社會，對吧？所有事情都有所好轉，不只女性，所有人的處境都改善了，對吧？

在這種條件下讓女性們轉而認同女性主義，無法創造一個對女性更公平的社會，或是一個對女性來說更安全的世界。我們常常假設，接受女性主義者的自我標籤，同時就會認同其背後的意義，但實際上歷經了這場精神異常般的行銷大戰後，其意義早已流失枯竭。現在要自我標籤爲女性主義者，已經不需要在政治上、個人生活上或者關係上做出任何有意義的調整或適應。那不過就是外套上的另一顆鈕扣、貼在車子後方的另一張認同貼紙而已。內在的東西絲毫未變。

此外，所有那些要說服他人相信女性主義的狂熱行爲，已經越來越像是基督徒嘗試讓異教徒改宗的行徑——「眞的嗎？你們在春天也有個與生育相關的節慶，以蛋爲核心，因爲蛋象徵新生與繁衍？（指復活節）眞有趣，我們也有耶！」這些舉動不僅無法安撫那些已經有所疑慮的女性主義者們，更讓整個運動停止思考到底爲何女性不願意繼續與其扯上關聯。

要徹底逃離宰制文化下的價値體系及目標，永遠會是一場劇烈、需要費盡全力的舉動。流於表面的女性主義——只要求更換標籤而不求任何眞正改革的女性主義——對你當然也不會有什麼費力激烈的要求。若要看懂這些膚淺的當代女性主義到底爲何物，我們只需要注意，這種女性主義用來衡量成功的東西，跟父權資本主義幾乎如出一轍——那就是，錢與權。我們現在衡量女性主義是否成功的標準是，檢視全球前五百大企業中有多少女性執行長、《紐約時報》標出作者原名的人有多少是女性、醫學院畢業生的女性比例有多少。

我們假設，只要每個女人都能自認爲女性主義者，父權制度就會自動瓦解。女性執行長可以一邊自豪地高喊她相信女性主義——畢竟，是它讓她成功爬到這個位置——但一邊將她公司的工作外包給那些以奴隸般的勞動條件聘雇女人與兒童的血汗工廠，或者一邊排放有毒物質，造成空氣與水源汙染，又或者一邊付給她的女性員工不成比例的低廉薪水。

然而，比上述那些更慘的，是當代女性主義傾向認爲，擁有權勢的女人本質上是良善的——譬如希拉蕊．羅德姆．柯林頓（Hillary Rodham Clinton），即便在參議員任內，她瓦解了可以協助受苦受難的貧窮婦幼的社會福利制度，而且還支持國際介入行動，最後導致成千上萬的無辜平民死亡或陷入苦海；又譬如美國通用汽車公司的總裁瑪麗・T・芭拉（Mary T. Barra），即便她主導、隱瞞自家公司產品出現安全問題，進而導致超過十多人喪命；又譬如許多著名女性，如果她們的性別不同，其行徑絕對會招致女性主義者的大力抨擊。讓自己變得跟那些男性同儕一樣心狠手辣，變成不爲他人著想的女性，既不是英雄，也從未樹立什麼典範。她們或許自稱爲女性主義者，讓自己可以從許多人眼下矇混過關，但這並不代表她們値得被稱頌。

當女性主義變得空洞，就會發生這些事情：任何人都覺得可以隨意披上其外衣，以女性主義之名，行不義之實。

第二章　女性沒有一定要成為女性主義者

人們傾向檢視那些拒斥女性主義的女性，並且論斷她們一定是一群可憐人。

這些可憐的蠢女人們，搞不清楚什麼東西對自己最好。她們選擇依賴與從屬，選擇受囚禁與奴隸的哀傷生活。要到什麼時候她們才會清醒？

當有人做了和自己不同的選擇時，憐憫永遠比試圖搞懂他們爲什麼這麼做還要容易。不然，你很可能就得質疑自己的選擇，可能還得爲自己沒有做出不同選擇而感到懊悔。你四處宣導，並不是爲了散播福音，而是爲了逃避自我懷疑。

我們不傾聽這些女人的聲音，反而代替她們發言。她們的個性一定是如此：她們一定很懶惰、自我欺瞞、貪婪、愚蠢。她們的理由一定是這樣：她們一定有戀父情結、她們一定是拜金女、她們一定是因爲某些宗教教條而覺得男人實際上比女人還優越、她們這麼做一定是因爲認爲這樣自己才能受男人歡迎。

她們一定是這樣的——沒受教育、低階級、福音派基督教徒、溺愛孩子的鄉下媽媽、笨蛋。

要知道爲什麼人們可能不願意成爲女性主義者，其實沒那麼困難。要理解原因，我們只需要檢視女性主義革命究竟爲女性帶來了什麼，又沒帶來什麼。

我們之前會決定成爲女性主義者，是因爲我們追求那些女性不被允許獲得的東西。自古以來，我們就一直被排除在男性領域外，像是公共生活、職場、教育體系。我們的傳統領域，像是家、家庭與照護，看起來跟監獄沒兩樣。

當時，女性主義以爲自己提供跟隨者的東西，是逃離禁錮，是展翅高飛的生活，是充滿獨立性、冒險以及工作的生活。

但為了要相信這件事情，我們必須得忘記，其實女性一向是有在工作的。許多女性一直都得工作。未婚的、喪夫的、貧窮的、弱勢的女性一直都有在工作。當女性主義者們決定要為工作權奮戰時，她們心中所想的，其實是要爭取可以成為醫師、律師等工作的權利。

女性一直以來都在清馬桶、刷地板，或受僱從事那些需要觸碰他人身體的工作，像是護士、助理以及性工作者。

女性主義者當時要爭取的，也不包含那些貧窮男性所從事的工作，像是工人、礦工、屠夫。打從一開始，工作就被假設成是一件好的、可以自我實現、只是我們女人無從體驗的事情，而不是一種會摧毀你的身心靈、可能害你早逝或甚至讓你想要乾脆早點死的東西。

自古以來，部分女性就擁有一條可以從工作場域脫身的出路。那條出路就是透過男性。如果她們在對的時候，碰到對的男人，她們就可以離開這個侵蝕心靈的工作世界，撤退到相對舒適的家庭裡頭。家裡或許是座監獄，但如果自由看起來就得在引人頭痛的螢光燈下擦拭某人的嘔吐物與尿液，你眞的責備得了那些想要躲回牢房的人嗎？

當然，不是只有貧窮的女人偏好不必工作的生活，在競爭激烈的工作領域中，高教育程度女性也會決定離開。女性主義者稱之爲「選擇退出」（opting out），將之視爲一種背叛行徑。女人應該要工作！應該要幫助她們的姊妹！然而，要留下，意味著她得優先把大量時間投入在工作上，而非其他社群或者家庭。

因爲在這個不穩定的世代，工作與薪水都難以捉摸，對許多人來說，縮減工時很可能會讓自己地位式微，或甚至丟了工作。

這就是爲女性主義創造統一戰線的部分問題，因爲平均而言，女性主義者一般來說會是中產階級、有受教育的白人女性，她的慾望與需求無法代替所有女性的需求。但在近代女性主義史中的大部分時間，我們都在努力協助實現她的夢想。我們的目標一直是那些會使她的日子變得更好過的事情，像是同工同酬、去除讓女性受高等教育的阻礙、透過節育與生殖醫學計畫以延遲生養。

職場與資本主義社會變得越來越不友善，不僅對女性不友善，對男性亦然。因爲它只關心女性在商業領域的表現，而不是在這個競爭的、不穩定的系統裡頭全人類的處境如何，我們的思考因此一直相當侷限。與男性相比，女性在就業市場的表現如何？當全世界的工作與金錢都因爲令人窒息的學貸、急遽降低的工作穩定性、徹底毀敗的社會服務與工作福利、貪婪的執行長與董事長、全球化等這些因素，而傷害了所有人時，這個問題眞的很重要嗎？

但當然，堅持下去，姊妹！我們一定會獲勝的，因爲……一些理由。

我們一直被灌輸一種說法，我們之所以終能獲勝，是因爲獨立性。女性的獨立性很重要。從男性手中得來的獨立性，當然，畢竟現在已經不同於往昔般地依靠男人。過去的約定是，我放棄我的自由與我的身體，而你提供保護，讓我不受外在世界的侵擾。這個安排至死方休。

現在，當然，愛情跟就業市場一樣多變不穩、競爭激烈、貶損人格。除非你決定要連續當幾個有錢人的黑寡婦，否則依靠男性提供你所希望的安穩與保護這招，實在不太可能一輩子都適用。

所以有B計畫就很重要了。但爲什麼我們的B計畫是要想辦法全部都靠自己？我們——作爲個體——得要自己賺錢、成家立業、生養兒女、下廚料理、發展並維持自己的風格與品味、決定自己的自由時間如何安排等等，直到我們離開人世。以自由之名，我們逃出了社群、城鎮、部落，以成立家庭與血緣連帶關係。以自由之名，我們逃出了家庭與血緣連帶關係，以創造核心家庭。以自由之名，我們逃出了核心家庭，以成爲獨立的個體。

然而，在這段路上，我們絲毫不曾認眞考慮過，要打造一個相應的社會單位，提供我們替代過去那些群體所提供的支持系統。

確實，有許多支持系統明顯是建立在對女性的壓迫上。社群常常被認爲是一種用來控制行爲、維持一致性的系統；家庭則常常被認爲是一種用來確保女性維持溫馴順服的方法。但我們實在太矯枉過正了，只因爲我們曾受到傷害，我們就因噎廢食、全面拒斥整個體系，卻從不停下來反思，這些系統多數時候如何幫助我們。

現在，獨立性已被高舉爲一個女性主義式的美德，是個不靠家庭或男人就可以自立的能力。而現在，我們確實擁有了所有我們渴求的自由與獨立性，像是破產的自由、被社會孤立的自由、無家可歸，是種全然缺乏社會支持網絡的自由，或者是一輩子辛苦勞動，卻毫無所得的自由。只要女性主義仍帶有新教倫理式的經濟決定論思維的病毒——認爲你的社會地位取決於你的品行有多端正或你有什麼價值——我們就會繼續把時間與精力花費在拆解社會結構上，而不是去創造新的、更具同理心的結構。

於是，當然，有一定數量的女性會眼看這一個女性主義送上的，像是禮物般、原子化的、資本主義的世界，並詢問道，她們能不能將其帶回家裡，用一些稍微比較老派的東西作爲交換。世界各地的女性！離開傳統生活的舒適圈，進入這個充滿爭鬥、絕望與不確定性的新世界吧！謝謝喔，不過，去你的，不用了。

不是每個女人，或男人，都顯得野心勃勃。不是每個女人，都想要在這個世界劃上她的記號。不是每個女人都喜歡每週工作八十小時，卻只能眼睜睜看著某個年輕的哈佛混蛋升遷，拿到她雖然沒特別想要但確實可以付她多一點薪水的工作。不是每個女人都渴望要參與我們現在身處的文化下，那個消費主義思想控制的詭計，用鞋子與 Topshop 限量版露肚上衣填補她心中的空洞。

女性主義對此責無旁貸，但女人只有以下這兩種選擇：你可以選擇男主外、女主內，讓男人負責賺錢養家跟外頭的事情，而你則花時間陪伴小孩、買那些售價過高的有機藍莓；或者，你也可以選擇拚死拚活工作一輩子，買一堆你根本不需要的東西，一寸又一寸地爭奪自己的生存空間，最後這些東西或許能有善果，或許沒有。

當那些——姑且先稱爲傳統的——女性們爲女性主義者「感到抱歉」時，她們的作爲跟我們其實相去不遠。我們都以憐憫作爲自我防衛機制，當我們對某人感到抱歉時，我們就不需要爲對方所說的話、所做的事、所相信的東西，賦予任何價值，也不需要去傾聽他們對自己的信念有什麼不滿。

但是，如果我們能夠不帶任何偏見地，好好坐下來詢問這些女性，我們所提供的東西哪裡不夠，那麼我們或許就可能再往前走——不是朝說服對方改宗的方向，我們不能再繼續這樣想了——相反地，我們應該進一步看見自己計畫的侷限：我們其實沒有自己想像中那麼聰明。也許這些女性的不快樂，跟我們的不快樂其實是相同的。

當代社會所缺乏的東西，絕大多數都是那些傳統的陰柔價值與目標。在職場和公領域這種陽剛的場域闖出一片天，部分意味著得拋棄家庭、照護、社區這些陰柔的領域。但過去我們並未用同樣力氣，嘗試讓男性也能追求陰柔的目標，闖出他們的一片天。結果我們就會看見一個高度陽剛化的世界，女性不僅正身處這些父權價值中，女性主義者更是期待女人絕對要參與其中。

女性主義已經遭到父權價值的傷害，已經因貪婪與權力而扭曲。女性主義過去被父權世界提供的各種歡愉所迷惑，接著又遭到瓦解父權體制所需的浩大工程淹沒。於是我們修正了女性主義的目標，因爲希望可以過更舒服的生活。

爲了要在父權社會成功，我們自己一肩擔起家父長的角色。爲了要在這個世界中獲勝，我們必須展示父權社會所重視的特質，並且屏棄它所排斥的特質。

爲了要在這個文化中取得先機，我們也根據男性衡量女性的標準形塑自我——也就是性感與美貌。這種要一輩子維持自身性吸引力的壓力，可說是前所未有，那些保持身材、多年後火辣依舊的女明星們現在更被女性主義者們譽爲典範。我們已經斷開自己與過往傳統及儀式、家庭及代間關係、社區及歸屬感之間的連結，我們將那些關係視爲被迫從事的無償勞動，而不是値得保存的東西。我們過去確實被迫承擔那些社會角色，但那些事情確實有其價値，且應該被維繫下去。

比起爭論在核心家庭中到底誰該做家事和帶小孩，更重要的問題應該是，當我們感覺到自己有所歸屬時覺得怎麼樣？我們對施與受的重視程度一樣嗎？除了自己的工作以外，我們如何參與，又如何對這個世界做出貢獻？我們如何看待自己——不只是個體、也不只是隸屬於伴侶或核心家庭中的一員——在社會中的位置？這些問題將會是女性主義要繼續往前邁進時的挑戰。

作爲女性主義者，我們的職責不應該是招募支持者，不應該是勸人改宗，而應該是去傾聽那些可能與我們不同的女性所擁有的慾望與需求。西方女性主義者對於伊斯蘭世界女性抱持的那種高傲態度——她們應該要從面紗與傳統中被救贖——就是一個極佳的典範。先不論所謂的救贖與保護都是多麼陽剛、父權的想法，我們企圖讓人改宗的做法，是要求女人貶低她們思考自我存在意義時重視的價值，並且改採我們重視的獨立性、成功和性感。

然而，除了企圖要求女性改信我們的價值以外，我們似乎很少停下腳步、捫心自問，到底這些價值是否讓我們確實變得快樂？難道這就已經是最理想的生活方式了嗎？質疑這個，並不是爲了要尖叫著跑回廚房，讓男人幫我們作主，並退回到我們的從屬地位，而是爲了要確認，會不會是我們屛棄了什麼其實應該要重新找回的東西？會不會我們需要稍微暫停一下，重新思考我們的策略，以及我們的目標？

有些題目需要我們捫心自問，雖然可能不太舒服。第一個問題是，女性主義是否創造了一個更好的世界？不只是就你個人而言，而是要問，對於所有社會階層的男男女女，是否都有變得更好？下一個問題是，女性主義在開闢能讓女性承擔傳統男性特質的空間時，是否也同等地創造了一個能夠讓男性承擔傳統女性特質的空間？最後一個問題是，如果我們希望擁有一個對女性而言更好的世界，那麼現在女性主義的目標與論述是否真有可能帶來這樣的結果？

第三章　每個選擇同樣都很女性主義

年輕女性主義者總愛拿安德莉雅・德沃金當箭靶，認爲她在體型與學識上都徹底體現女性主義有時會太「超過」的特質，這其實不太令人意外。畢竟，跟那些不停安撫讀者們女性主義也可以很「性感」的部落格跟書籍相比，德沃金這位過於肥胖、滿頭亂髮、徹底素顏，連口紅都不擦的女子，簡直太令人恐懼了。

尤其，如果你擔心自己像德沃金一樣太「超過」，或者擔心一旦你承認：對，女性確實在行爲舉止外表上都面臨不公平且荒謬的標準，自己就眞的會開始拒斥那些標準。接著——此處有個滑坡——接著你就會開始丟掉家裡所有美髮產品、價值三十塊美金的腮紅、修容刷具，還有你那幾雙要價四百塊美金，但其實根本沒辦法走路所以只能丟進包包在計程車上換，免得自己走沒兩步路腳就先斷掉的高跟鞋。

你擔心自己會在轉眼間變得蓬頭垢面、穿著邋遢，還在雜貨店或路邊跟陌生人高談闊論，說自己平常根本不洗頭，因爲頭髮其實有自我清潔能力，如果停止使用洗髮精，你的頭髮會變得更健康，只需要小蘇打粉就很夠用了云云。

正是因爲這種恐懼，當代女性主義者極力抗拒自己基進的歷史：如果我們搞懂了控制機制，如果我們看穿了那些讓我們焦慮萬分、要我們時刻擔心自己衣服尺寸跟穿搭風格的廢話，如果我們發現自己竟然浪費生命在做那些爲世界帶來更多醜惡、壓迫窮人的工作，那我們就眞的必須得做一點什麼了，該死，而且這聽起來一定是令人不太舒服的事情。

不舒服從來就不是普世女性主義的議程。尤其，當你希望能討到所有女性歡心，這一項當然不能存在。普世女性主義者要的，是一個不會要求你改變穿衣風格、思考方式以及行爲舉止的女性主義。由於現在焦點全都放在評論意見與個人故事，而非理論，更非事實，年輕女性主義者發現，其實根本沒必要了解自己的集體性、知識性的歷史。由於當代女性主義的焦點全都放在生活方式上，女性主義儼然成爲另一樣必買的東西。

普世女性主義者當然希望女性主義的門面不是德沃金，或任何一個德沃金那一型的女性。只因爲她的外表，德沃金輕易地成爲一個可以用來強調你自己有多麼人畜無害的對照組。結果，葛羅莉亞．史坦能（Gloria Steinem）——這個陳腔濫調、由中情局（CIA）資助、幾乎只爲白人中產階級女性喊聲而不顧其他人的史坦能，就這樣成爲二十世紀下半葉唯一一位需要認識的女性主義者。

但眞正讓女性覺得不舒服的，不只是德沃金的外表，而是她殘酷無情的作品。就如同其他作家和知識分子一樣，德沃金當然也絕非每個字都完美無瑕，但是當代的女性主義者全盤鄙棄她的作品，純粹只因爲她們不同意德沃金某些較極端的論點。米歇爾．傅柯（Michel Foucault）也篤信愛滋病並不眞的存在，只是社會建構出來的產物啊，但我們沒有全盤拒讀他的所有著作，也沒有拿他當作同志「太超過」的例子。

女性主義者之所以對德沃金（以及米列〔Kate Millett〕、麥金儂、索拉納斯〔Valerie Solanas〕跟其他人）這麼感冒，是因爲她要求女性好好思考，自己究竟是在參與什麼。就這樣。因爲你的參與，其實就是某種程度的默認，默認了那個體制、那個活動、那種生活方式。

或者說，不只是默認，根本就是支持。德沃金要求女性，應該仔細審視自己的人際關係、工作、在這世界中生存的每個日常，有多麼仰賴自己參與那些充滿壓迫及悲慘的體系。所有我們爲自己找的藉口，像是自己爲什麼不可能改變生活方式、爲什麼不可能變得基進（我有學貸要還，我需要這份工作、……

可是我愛他、我從小就夢想要擁有一間自己的房子、成爲賢妻良母，如果我突然搞懂了私有財產權是什麼鬼東西，我一定會很失望）——在德沃金的論點前面，這些東西瞬間成了連篇廢話。

最惡名昭彰的例子，莫過於德沃金的著作《性交》（*Intercourse*）。此書檢視了男女性關係中的權力關係，包括由男性主導、將性器插入視爲性交的基本行爲以及私人慾望的基礎，其實是文化形塑出來的產物——包括檢視在一個權力不均的社會中，與合意相關的議題有多詭譎。結果人們僅僅把這個複雜（而且和當前「強暴文化」的討論高度相關）的著作及其立場化約成一句話：「所有的性都是強暴」。就連女性自己也加入這場毀謗的戰局，因爲這本書要女性做一些她們壓根不想做的難事，也就是當自己和男性伴侶發展浪漫關係或者性關係時，要看清楚自己到底參與了什麼事情，要思考權力關係，要思考自己的主動性，要思考自己透過個人選擇，對這些權力不對等關係貢獻了多少東西。誰會想要思考這些事情？乾脆還是簡單一點，直接將這本書丟掉吧，省得我們還得仔細聆聽它想傳遞的訊息。還是讀《女性迷思》（*The Feminine Mystique*）[1]跟其他主流一點的書吧，這樣比較容易，至少它們認爲女性是某些外部結構或體制的受害者，而不是延續自我從屬關係的主動參與者。還是踩在受害者的位置上吧，繼續認爲自己是被迫放在絕對弱勢的位置上，而不是因爲我們便宜行事，主動選擇成爲弱勢。

無論女性還是男性，從過去到現在，都沒有肚量好好回應基進女性主義者的論點。這整場企圖從女性主義史中抹滅基進分子存在的行動，實在令人遺憾。人們不但不願進入她們的脈絡、閱讀她們的著作、同理她們的立場，也不

1本書是貝蒂・傅瑞丹（Betty Friedan）的著作，最主要的論點就是指出女性每日所面對的「無以名狀的問題」。

願稍微敞開心胸，用她們的角度檢視自己的生活，相反地，人們反而將之棄如敝屣，好似她們只不過是一場笑話。德沃金那類人，漂亮不起來，也無法變得秀色可餐。這些網路言論幾乎隨處可見：會有個男人留言說，女性主義就是一群仇男分子啦，像那個賤貨德沃金不就說所有男人都是強暴犯？然後就會有女性主義者在最後跳入戰場，贊同那個男人所說的話，然後說：對啊，我們也不喜歡她。

由於拒絕經歷實質改革會帶來的痛苦，由於拒絕踩在基進女性主義者的位置上，「選擇至上女性主義」（Choice Feminism）於焉誕生——也就是相信，由於在父權主義更嚴峻的時代，永遠都是別人在爲女性做決定，所以光是自己做決定，你就已經是在抵制父權體制，就已經做出很女性主義的舉動了。

這正是普世女性主義會帶領我們走向的局面，因爲它全然不要求任何一丁點真正的、個人的、內在的改變。反正任何人現在只要自稱爲女性主義者，那她就眞的可以成爲女性主義者；同理，女性做的任何舉動全部都很女性主義，只要她堅持那個舉止很女性主義就行了。不需要辯論、不需要思量，也不需要有任何痛苦或不適。

我們其實心裡都暗自明白，自己哪裡搞砸了，哪裡做得不夠好，哪裡又辜負了自己跟這整個世界。我們花費一堆莫名其妙的力氣與心神，好讓自己對那個認知視而不見，假裝沒這回事，然後大肆批評那些提醒我們要注意自己缺陷的人。

我們其實都知道——天哪，閉嘴好嗎，**我們眞的知道**——那件可愛的衣服出自童工之手，而且他們的勞動安全條件都很惡劣，一不小心就可能會賠上幾百條人命。可是管他的，我們就是想要那件衣服啊。我們明白——**我們眞的知道**——如果我們買下這隻便宜雜貨店裡賣的烤雞，那麼只會繼續讓這些肉雞遭到不人道對待，一輩子除了苦痛之外什麼都沒有，而那些養雞場更會因爲和大型食物企業的契約，繼續深陷貧窮與債台高築之中。可是管他的，有機雞肉不但貴七美金而且還是生的，然後我今天已經工作一整天了欸。而且，喔，我們其實也明白，我們任職的那些企業毒化地球、敲窮人的竹槓，搞得有錢人越來越肥，但是，管他去死。我們喜歡自己住的公寓、可以訂閱 Netflix 跟 Hulu、我的抗憂鬱藥健保有給付，而且我剛買的那個白噪音機讓我每晚都能睡得香甜。

反正，誰知道要怎麼做才對？怎麼可能有人能夠面對這個世界令人窒息的絕望，而不遭其吞噬？我們面對這個認知失調的方法之一，就是去攻擊那些真正的基進分子。那些人喚醒了我們心中的祕密知識，如果要讓它繼續沉睡，我們就勢必得毀滅她們。罵她們是沒幽默感的巫婆、是瘋子，不要看她們寫的東西，但要公開批評她們。然後，當然要去挖出她們生活中的各種不完美和表裡不一處——千萬不要停下來想：其實大家都是人，每個人都會有缺點——要拿這些缺陷，去貶低她們畢生的作品，挖出任何可以讓你拿來當作不需要去傾聽或做改變的藉口。

眞正基進的選擇往往是孤獨的，但現在大衆卻超流行自認爲基進分子，而且還什麼事都不用做。只要你買了這包特殊包裝、上頭有粉紅緞帶的洋芋片，你就爲癌症治療盡了一份力。只要你買了這張專輯，身上還穿皮衣，你就是一個眞正的龐克人。只要你自稱爲女性主義者，你就是女性主義者。

突然之間，你做過的所有選擇都變得沒問題了，因爲你用女性主義的薄紗將它們蓋住了，認知失調也因此消失。那件衣服？沒問題，那是你眞正自我的個人展現。穿上那件衣服，就是展現你的個體性，超女性主義的。那隻烤雞？那是在善待你自己，滋養你的身體。正向面對你的身體，超女性主義的。至於你的工作？那是在一階一階地邁向成功，那是爲了往後追隨你的女性得以打破玻璃天花板，那是自我培力，以及爭取你應得的薪水——這是再女性主義不過的事情了。

選擇至上女性主義也是白人女性主義（white feminism）的主要問題——拿我們被阻撓、被歧視、被壓抑的經驗，以及我們承受暴力與痛苦的經歷，去合理化解釋自己當然可以去追尋自己想要的東西，但不用去思考為什麼我們會想要獲得那些。

白人女性主義很大程度是奠基於「意識喚起」（consciousness raising）的概念。在這個時期，女性會獲得一些空間，得以重新思考、重新講述自己的生命經驗中，曾經遭遇仇女心態與衝突的時刻，而當時自己不明就裡，並未察覺到那就是父權的現身。然後我們才恍然大悟，原來那個老師當時之所以潑我冷水，是因為他認為女生何必去追求「男生的」目標，而不是因為他判斷我沒有那個潛力。那些女性以為只是個人煩惱的經驗，原來其實都可以被視為普世經驗——或者至少是多數女性共同擁有的困境。

不過，一旦人們不再使用同樣方法檢視未來與過去時，意識喚起就會失效。我們要怎樣創造一個對大家都好的未來，而不是只對你自己好？我們要如何為了全人類的良善而戰，而不只是為了女性這個特定的次群體，或甚至只為了跟你自己相似的女性而戰？

我特別提到白人女性主義，一方面是因為，許多主流女性主義的目標都對中產階級白人女性有好處；另一方面也是因為，在性別運動中成為代表性人物的顯眼女性，從過去到現在，往往都是白人。我們都說第二波女性主義運動是在爭取經濟地位平等，但在當時多數女性都從事的低薪勞動領域中，經濟不平等至今依然存在。要說第二波女性主義真正基進之處，莫過於該運動中我們企圖遺忘的那個部分。

許多被高舉為第二波女性主義潛在目標的概念，後來顯示根本無助於整場運動推進，因爲當你獲得一定程度的財富、名聲或其他商品，那麼只爲你自己的利益而戰所能帶來的個人好處，就遠比去推動一個更能爲大衆帶來公平的體系來得大。舉例來說，即便育兒議題可能裨益多數女性，卻從來沒有在女性主義社群中獲得什麼重視，永遠都是空口說白話。如果你的收入有一定水準，那麼安排好自己的育兒需求，就遠比去繳稅或推動一個可能幫助所有女性的制度來得輕鬆寫意。如果你的孩子就讀的學校很差，那麼直接將孩子送去私立學校或者特許學校（charter school），就遠比去組織社會行動並嘗試改善整個社群所面臨的處境，還要容易許多。

無論是擴大社會福利、支持社區型診所，或是其他議題上，也全是這個樣子。當女性開始越來越有能力——感謝女性主義者的努力——處理自己的需求時，她願意全力爭取，或願意付出時間、金錢與力氣的女性主義目標，卻會越來越少。那些沒有和自己一樣獲益的女性，已經不是她心中在意的對象了。這也是爲什麼主流女性主義現在只爭取能夠自己做決定的權利，卻不在意那些決定的內容爲何。

那些意識喚起的時刻帶給我們的啓示是：個人即政治（the personal is political）。但我們對這句話的解釋一直都是錯的。長久以來，女性都誤以爲這句話的意思是，她們個人的勝利就是政治上的勝利。如果我已經成功爬上好萊塢大型電影製作公司的頂端，那我就不需要再努力讓環境對女性更友善，我也不需要繼續堅持讓女性有發聲的空間，因爲光是我身處高位這件事情，我們在政治上就贏了。先不論對這句口號的其他詮釋爲何，在上述這種認定中，我們顯然徹底忘記：個人選擇具有政治擴散效果，而且那些擴散效果應該被詳加審視與考慮。

選擇至上女性主義也妨礙我們去討論上述這些議題，妨礙我們討論在人們選擇了其生活方式後，會有什麼政治後果。

單純因爲選擇本身就很女性主義，任何批評就會被認定爲無效。那是她的個人選擇啊，那是她的人生旅程。在這種心態下，批評女性主義者就成了一種壓迫。

這種想法建構了一個「我們／他們」的錯誤心態。一邊是我們，貧窮的、受阻的、被害的女人，另一邊則是那些企圖打壓我們的男人。不過，女性面臨的大部分障礙現在都已經去除了。女性現在可以受高等教育，可以在傳統的男性領域裡頭工作，可以在公領域發聲，可以管理公司，可以隨心所欲。現在女性面臨的眞正障礙與不平等，多數都是窮人限定——中產階級以上的女性現在可以透過財富買到她們接近權力與平等地位的入場券。那些常常只帶給低收入女性壓力的議題，像是可負擔的墮胎、托育、健保與健康照護方案、公共住房等等，現在都已經從女性主義的雷達中消失。我們對於這些事情或許都有意見可說，但眞正可以改善這些議題的作爲卻付之闕如。

實際上，癥結點根本不是我們／他們，而是每個只爲自己利益的女人。我們要討論的事情應該是，那些比我們弱勢，或者和我們居住在不同國家、擁有不同文化的女性，如何被我們自認爲是培力的事情壓迫著。

可是卻有不少人非常抗拒進行這個討論，尤其是在網路上，以及大學校園裡。近期，有一些資深女性主義作家跟倡議者遭到年輕世代的抨擊，因爲她們沒有使用正確的語彙、她們主張的論點現在已經過時，只因爲她們抱持不同的觀點。最近這類的例子比比皆是。

這顯示了女性主義領域中對於異議者的處理方式：不同的意見或主張，就是一種攻擊。之所以會如此，是因爲我們相信自己的眞理就是唯一的眞理，而自己對創傷跟壓迫的理解就不需要被檢驗或被質疑。在這種環境下，關於你的選擇如何影響其他人這道題目，要出現眞正的、有建設性的對話幾乎不可能。

女性主義是，也應該是，一場社會運動，而不是一個維持現狀的藉口。但如果你需要回應的權威者就是你自己，你等於是創造了一個邏輯上的回饋迴圈。所有事情都變得合理，因爲所有事情現在都變得很女性主義。

但就一套原則或一個哲學觀來說，如果你生活時根本不以其爲本，也不依其推動你自己或你身處的社會前進，那麼擁有那套原則到底有什麼意義？德沃金根本沒有讓事情變得太超過，我們根本就推得還不夠。

第四章　女性怎麼會落得從事父權主義的工作？

如果想要轉移父權社會掌控可能帶來的負面影響，女性其實有一個方法可以用，那就是——用錢。只要賺夠了錢，你就可能逃離父權體制最基本外顯的魔掌。你講話會有人聽，你會獲准進入公共領域，而且你可以不必像大多數其他女性一樣，被迫擔起照護者的角色：你可以付錢給別人，要他們替你代勞，幫你煮飯、幫你洗衣服、幫你顧孩子。要離開許多惡性的壓迫形式，金錢往往是個便捷快速的方法——而女性正好開始越來越有錢。

已有不少女性選擇了這個方法：花錢，買一條脫離父權體制的出路。大部分用來控制女性的東西，都可以透過財務手段加以化解。譬如，購買多數女性負擔不起的醫療服務，或者透過聘請律師、運用自己的名望，弭平女性在法律上的種種劣勢。

在我的祖國，也就是美國，每一個機構——上自司法系統、銀行產業，下至房地產與教育體系——都是父權體制的產物，更是延續父權體制存在的手段。婚姻會延續父權體制的存在，消費文化也會延續父權體制的存在。

我們的教育體系對教師與兼任教師極盡剝削，對富裕家庭的子女卻極盡優待。你的經濟水準會決定你能獲得的教育品質，沒錢的學生往往會因肩負鉅額貸款，更進一步陷入貧窮。這是一種父權控制的形式。男性結婚後，無論收入或健康都會有正面效應；但女性結婚後，薪資不但縮水，家務勞動及育兒時數還會延長。這也是一種父權控制的形式。

父權體制絕對比女性的個人自由來得更加龐大。父權體制不是我們／他們，而是一個有權者透過控制與壓迫多數人來維持其地位的體制。仇女心態、種族歧視、恐同，或者任何一個我們用來描繪這些充斥在公領域中，明顯針對窮困者的恐懼及憎恨情緒的詞彙，其實都是父權體制下的自然產物。

這些產物助長我們剝奪其人權，好讓我們去佔某些人的便宜，並將之視爲可供剝削的資源。

就道德上來說，現在作爲體制一分子的女性，也不見得眞的一定比發展、維繫此體制的男性來得良善。女性現在也會成爲律師與法官，會把無辜的男女送進監獄，會剝削窮人，會支持制度化的種族歧視。女性現在也會成爲政治人物，會讓富人更富裕，讓窮人更窮困。

當產業的表現開始脫軌出錯，像是華爾街或矽谷，你會開始聽到下面這些話：這些產業需要有更多女性，因爲女性更有常識、更有同理心。那不過是個玩瘋了的男子俱樂部。這邏輯根本說不通，眞正有問題的，不是男人，而是人類本身。

現在，即便女性成長過程中越來越容易取得權力，但我們並不會迎來一個更平等的新世界。這個世界還是一如往昔，只不過女性的數量變得多了些。

女性主義運動與民權運動有一個目標是共享的：要瓦解西方社會幾世紀以來所組織的層級制度。在頂端的，是有土又有財的白種男人。

所有人都在他們之下，只不過下層群體彼此間的排序隨著世代稍有不同。但這些社會運動破壞了這個階序，並把每個人都放到一個理論上可以公平競爭的環境中。當然，這仍然是未竟之業，但若這一代與下一代的教育，不再讓白人男孩以爲自己有權凌駕於其他人之上，也不再讓其他人以爲自己一輩子都只能對人恭順屈從，那麼種族與性別才可能不再繼續成爲每個人社會地位的決定性因素。

那麼，爲什麼女性仍然要繼續待在這些權力體制中呢？我們已經用財富與權力取代了性別與種族。現在，你已經可以用錢買到你的社會地位，而不必然得依靠老天給你正確的基因。現在，我們女人也有機會接近權力，而準備好要掌權的女性，自然不太可能會想瓦解這個不平等的體制。掌權的滋味多好啊，資本主義多好啊，它帶給你豐沛物資與享受——只要它現在沒有掐著你的脖子就好。

當然，歷史上也不乏許多男性理解到，性別與種族的階層制度在本質上是不道德、不正義的。但白人男性絕對不會為了毀滅這個體制而揭竿起義，並且將自由與平等的權利讓渡給其他人。他們在這個體制中可說是如魚得水，即便他們現在手中沒有權力，至少未來還有機會啊。權力使人盲目。

這同時也解釋了，普世女性主義為什麼永遠都只會是一隻少了牙齒的老虎。因為一個誕生於自利邏輯的女性主義，一個因為更能帶來權力、而不是因為關心社會議題而被擁抱的女性主義，必然會成為這個權力與壓迫體系的共犯，於是毫無作為反而成了推展普世人權價值的手段。女性現在成了這個體制的積極參與者，而且她們還從中獲益。

全體女性因爲同一個理由而團結起來的日子已經不再。你我突破壓迫地位的能力已經各有差異，而這些差異來自於種族、性吸引力、個人歷史、階級、地區、教育程度、職業等各種因素。堅持全天下女人的生活經驗或期待必須全無二致，實在太愚蠢了——事情眞的不是如此。

過去，女性整體被歧視的原因是生物因素，法律甚至明文規定，認同那樣的歧視，那麼主張團結一致確實有其道理。當時我們有普遍一致的需求，有普遍一致的阻礙，那確實得以讓我們團結。

但今日，你受到的壓迫已和我受到的壓迫截然不同。由於大多數的普遍阻礙已被去除，你我各自面對的挑戰也已不再相同。我們也必須接受，某些我們貼上仇女標籤的障礙，其實並不是歧視女性。我們是女人，但若從「我們都是人」的角度出發，或許可能更有幫助。

現在，我們不禁要問：爲何我們還需要女性主義？當然，這是爲了要完成破壞既有階序制度的任務。在生育權、性暴力等議題上，目前還有許多箝制女性自由的問題存在。我們不應該對現況自滿就停止戰鬥，我們現在的生活以及下一個世代未來的生活，仍然需要奮鬥。

但如果我們已經在邁向公平的路上——如果我們去檢視女性在教育、企業、經濟、公家的各個單位中佔據的中位數比例，那些數字就是這樣告訴我們的——繼續讓我們的意識形態立基於生物性認同之上，眞的合理嗎？當我們的需求、期待、挑戰，以及我們身處的環境都如此歧異時，到底是什麼東西定義了我們？我們同時也應該思考，堅稱男女之間存在懸殊差異，究竟帶給我們什麼損失？這個迷思作爲一把雙面刃，是如何既幫助我們，又傷害我們？

如果女性主義仍然要發揮一些作用，論述應該是這樣的：幾乎每一個人，或多或少，都曾經因爲我們的性別，而某種程度地被邊緣化。

那個邊緣化的經歷應該要讓我們看清，其實腐敗崩壞的是整個體制。被邊緣化的經歷，將會提供女性觀點與力量，可以看清體制的運作方式，以及其黑暗的內在。

這個版本的女性主義，主張可以透過行動去改變整個社會。現在剛好處於一個力量強大的時刻，因爲我們無論在體制內外，都有我們的人。我們在城市裡，在街頭上，我們也已經滲透進權力核心。只要我們可以團結起來，並且看清楚到底是什麼東西需要倒台——這個立於貪婪之上的社會，這個透過貧窮、暴力、剝削，殺害多少人性命的社會——那麼我們就可能成功。

不幸地，許多人認爲這個體制（我所謂的「體制」，是指這個複雜的世界，而我們過往都錯誤地用「父權體制」或「資本主義」去稱呼它）唯一的問題是，他們不得其門而入。他們並不認爲，整個體制本來的設計，就是只能納入某些人、排除其他人，就是只能讓某些人獲益、剝削其他人——因此，他們也不認爲整個體制是邪惡的。力爭上游並不是體制改革，你只不過是加入了那些既得利益者的圈子，並且讓自己成爲排除、剝削他者的人而已。換句話說：你，即便作爲女性，也是父權體制的一分子。

唯有先接受自己被邊緣化的事實，我們才可能停下來思考，如果會被納入體制，那我們到底想要參與一個怎麼樣的世界。因爲一旦女性被全面接受（而且這天或許即將來臨），一旦我們開始擁有權力，而不是被權力支配，到時候我們就沒時間停下來思考了。理由很簡單：一旦我們成爲體制的一部分，而且獲得的好處跟男性相當時，我們壓根就不會在乎現在是換誰受苦了。

越來越多女性離開我們成爲體制的一分子，沒有繼續待在她們原本的崗位，也就是抵抗壓迫。「要改變整個文化，最好從內部著手」，這個想法，說好聽點是天眞，說難聽點就是虛僞。舉例來說，爲了奉獻己力、保護弱者不受體制侵害，所以去讀了法律系，這是一回事。這是抵抗壓迫。那樣的奉獻，將會需要經歷一個自我基進化的過程，這正好就是當代女性主義文化鮮少鼓勵的東西。爲了變得基進，你必須在過程中接受前人指導，可是現在已經沒有太多大家願意傾聽、或者願意將其納入討論的活躍基進女性主義者了。

說女性可以從任何一個產業內部去「改變文化」，完全就是一個徹底的謊言。就算女性是帶著改革的心進入體制，那個心對於顚覆體制也毫無幫助。這個體制比你資深太多了。它所吸收的毒素已經比你所希望帶來的改變還要多太多，就連要讓它慢下來的機會都沒有。

爲了被體制接納，你需要展示建立此體制的家父長們的人格特質。爲了要持續爬升，你需要仿效他們的行爲、內化他們的價值——也就是權力，你要熱愛權力、展現權力。到那時候，你就成了他們文化的一分子。

很少人願意承認他們對這個體制買單的理由。因爲在體制內很舒服，感覺良好，物質生活又豐裕。如果你能譁衆，你就能取寵，而受到公衆關注讓人感覺良好。如果你看重權力，人們就會給你權力，隨之而來的就是榮華富貴，和一條可以脫離壓迫與悲慘生活的出路，屆時你就根本無暇關心那些還被留在外頭的人了。

一旦你爬到那個位置，爭權攘利就遠比放權讓利來得更合理。

而且，相信我：到時候，如果你說要放下名利、追尋自由，如果你決定要秉著同理心、誠實、正直等價值過活，人們反而會討厭你。因爲到時候你等於是提醒了他們，自己在這些領域有多麼不足。

在體制外是很孤獨的。但我們需要你待在外面。被邊緣化的經驗，可能提供我們另一股力量，也就是能夠與其他待在外頭的人結盟、相互同理的能力。這些人包括，被有權者貼上無用標籤的有色人種、宗教少數群體、窮人——他們都有機會成爲同盟。

然而，這個同盟關係並不存在，而且在歷史軌跡中，那種女性主義也從未在猖獗的種族主義、恐同、排外情結等各種同理失敗的例子中缺席。這個事實更加顯示了，**主流女性主義的目標其實一直都是要參與體制，而不是要消滅體制**。原本的目標是要分享權力，而不是要看清整個權力動態關係的邪惡本質。在我們眼中，唯一讓這個體制成爲惡的東西，就是排除我們在外這件事情。無論在過去還是現在，我們都視其他的邊緣化族群爲階層體制瓦解後，相互競爭權力的對立者，而非同路人。

被邊緣化這件事，本來應該是讓我們看清體制的運作機制，要讓我們快速看見其他的弱勢族群、那些得不到保護的人。然而，實際上正好相反，它讓我們變得自私，它讓我們只關心自己的發展、自己應擁有的權利，只爲利益而奮戰，不去覺察自己的動機，或者你的成功會帶來什麼後果——這些其實不是什麼英雄行徑，只不過是讓你也變成那些自私自利、野心勃勃的混帳罷了。

女性現在的處境特殊，因爲我們正好走在半路上。我們同時站在有權者／無權者的兩端。換句話說，對我們來說，現在要同時把兩邊人都拉下來、毀滅整個體制，應該更爲容易。

雖然，你不太可能在有權者那邊找到熱心的志願者來做這件事情（理由我想很明顯）。不過，在無權者那邊你也將一無所獲，因爲無權者往往處於一個伺機而動、等待收穫的狀態，只要出現一絲能夠轉移陣營的機會，即便那不過是一縷幻覺，人們也會前仆後繼地要讓這壓迫他們的體制維持現狀——畢竟誰知道哪一天能輪到他們，擁有壓迫別人的機會呢？

第五章　自我培力[1]只是自我陶醉的另一種說詞

爲了承受這個文化無時無刻給我們的壓力——告訴我們女性只是肉體、只是性愛、只是財產——我們創造了以下這個想法，以強調自己有多麼獨特：我們身爲女人，天生就比男人更有同理心、更有愛、更可靠。身爲女性，我們不斷受到貶抑，上述想法可以讓我們自我保護。

有時候，我們女人之所以特別，是因爲我們慈悲爲懷。畢竟對於能夠在邊緣位置生存的人來說，多半如此。他們一定會團結起來，一定會相互照應，一定會發展出某些個性與特質，因爲他們必須創造社會連帶與相互關懷的網絡，才可能承受被邊緣化的經歷。面對艱難與對抗局面，就會發展出那樣的特質，因爲我們得想方設法去說服壓迫者，不要傷害我們，不要殺害我們，費心把我們留在身邊等等。這些都讓我們變得更聰明。

但這些特質絕非與生俱來。實際上，主張女性天生就比較有同理心，比較慈愛爲懷的說法，根本是起源自男性。他們過去以此爲藉口，要我們在家相夫教子；他們也以此爲由，視我們爲無知的愚婦。親愛的，不用那麼努力當聰明人啦，這不是你的天性。結果，我們反而還採納這個信念，因爲它讓我們可以相信自己，讓我們變得獨特。

眞正應該讓我們感到獨特的，是我們的生存法則。如果我們眞的相信那些

1 培力（empowerment）一詞，在中文世界有多種譯法，包括培力、賦權、充權、充能等，一言以蔽之。可以理解爲「使某對象對自己的生活或公共事務更有掌控的力量」。必須注意的是，許多論者批評，培力的概念往往預設有一群受壓迫者需要被另一群人教育或啓蒙才得以覺醒，終究還是強化了受壓迫者的弱勢地位；同理，「女性培力」一詞也有類似問題。此外，在九〇年代，培力一詞更與新自由主義交融，繼而使培力一詞的使用與詮釋逐漸偏向「追求個人自我成長的行動」——而這也是本書使用與批判該詞的語境。

特質都是與生俱來，那麼一旦這些技能不再被需要，這些技能就會消失。我們還是可以用這個謊言作為掩飾，來逃避質疑或清算。「喔，我是個女人啊，我當然比較善於傾聽或同理他人，我絕對不會拋棄這些原則，更不可能像其他人那樣，當機會來臨就自私自利、只顧自己。」

看看政壇，不就是如此嗎？許多女性政治人物之所以大受女性選民支持，幾乎全都是出於性別因素。明明就長期支持軍事干預行動，女性支持者卻還是認為那些女性政治人物天生就是外交官，以及談論她們將如何帶我們遠離戰火。明明長期刪減社會福利政策，女性支持者還是會說，那些女性政治人物有多了解、多在乎貧窮女性與兒童。明明長久以來都在爭錢奪權，女性支持者還是會說，那些女性政治人物對於經濟正義與公平性多有概念。只要性別顛倒，這些死忠支持就會立刻消失。如果女性支持者沒有自我說服，並認定那些特質是女性與生俱來的東西，她們就不會假設這樣的女性政治人物能夠表現得比男性政治人物還要更有節操、更有同理心。

我們灌輸自己這種想法，是爲了讓自己能夠抵禦這個文化，但有些說法已不再管用，從工具變成尖刃，反而會帶來傷害。這一整套「女性天生就比較溫柔」的說法，更是如此。

我們對於先天性別特質的信念，清楚展現在我們用來討論男女處境的語言中。我們不假思索地使用「有害的男子氣概」（toxic masculinity）這類詞彙，來描述睪固醇所引起的「問題」——如果男人用類似字眼來描繪雌激素引起的各種「問題」，我們一定會立刻抓狂。其實我們這麼做，全是爲了要跟自己拒絕擁有的人性特質保持距離。

沒有人會討論有害的女性氣質，當然我們都知道它絕對存在，只要看看幾個當代文化中的陰柔氣質就知道了。即便如此，我們卻寧願相信有害的男子氣概是與生俱來，但女性的負面行爲就全是社會的產物。多方便啊。

聲稱或者相信女性很獨特的同時，就會不可避免地貶損男性。我們之所以這麼特別，是因爲我們很有愛心，那麼男人一定很沒愛心。如果我們之所以這麼特別，是因爲我們滿腹慈愛，很會照顧人，那麼男人一定就是沒血沒淚沒人性。而且，如果這些事情都是天生的，那我們乾脆直接解散男人這個性別吧。喔，我們只是在陳述事實而已，沒有在批評喔。

要有培力感，最簡單的方法就是強調自己認同某個群體（不管是性別上、國族上、宗教上的群體）。你之所以認同他們，是因爲該群體擁有某些值得讚揚的特質，而那些特質或多或少都會與特定性別、國家或宗教群體偏好的自我定位有關。

要建立團體的內在認同感，最簡單的方法就是透過拒斥、羞辱外在的敵對團體。如果要呈現無神論者是多麼有理性、有知識的人，他們勢必得讓宗教看起來既迷信又愚蠢。攻擊別人，遠比保持理性與智識來得容易、有效。爲了要讓美洲相信自己是多麼重要、多麼強大的國家，歐洲就必須被看作是孱弱不堪、毫無價値可言的存在；而爲了要讓女性相信自己是慈愛爲懷的群體，她們就必須認爲男性是凶狠暴戾的群體。

其實這有一部分只是單純的心理投射。所有你羞於、恐於擁有的特質（脆弱、憤怒、不理性），全都可以拋到腦後，只要你把那些特質都歸到非你族類的人身上就好。只要你強烈認同爲某個身分，那麼你的對立面不但會是一切的代罪羔羊，更會成爲聚萬惡於一身的屎坑。任何你想要保持距離的東西，都可以被輕易丟到那個你不認同的對立群體身上。那群人完全就是________（請塡入任何讓你無法容許自己擁有的特質）。我所屬的群體徹底不同、完全相反，所以我擁有的特質自然也跟他們天差地遠。

這個論述被用來說服自己，也被用來說服認同這個價值的人。當有人對於自我定位或核心價值有所疑惑，團體認同感就會立即補上，好填補這個缺口。這也是為什麼當國家變得困頓時，國族主義就很容易興起。一旦人們陷入難關，發現自己因為失業、貧窮、流離失所而受苦，就會引起自我懷疑。但只要他們趕快宣稱投身於一個更大的計畫，也就是國家的計畫，這些自我懷疑就可能被消除，或至少被隱藏起來。他們的國家很偉大，國家的歷史源遠流長，而他們何其有幸，能夠參與及分享這樣的偉大，能夠成為這浩瀚歷史的一分子。

國族主義本身並非壞事。團體認同本身也並非壞事。特別是當那個群體已被羞辱、排擠許久的時候，有人聚集並高喊：「你們視為敝屣的東西其實很有價值！」光是這個行為就已經意義深遠了。

也因此，在女性主義史中，這種重申行為比比皆是：為那些被父權體制視為無用的工作與陰柔特質而平反，強調它們的價值。無論是顧家教子的照護工作、傳統縫紉編織等女紅手藝，還是童話故事與民間智慧，這些「陰性」的東西都很珍貴，而且更重要的是，無論男女都應該要認知到這點才行。我們應該邀請男性參與這些陰柔的傳統，不過在那之前我們務必得記得，千萬別搞混「陰性」（feminine）與「女性」（female）的東西。

重申是一件苦差事。尋找群體特質的正面價值時，你勢必得面對該群體擁有的負面特質。舉例來說，你當然可以認爲美國是個偉大的國家，美國擁有許多美好的特質，包括它給予國民享有的自由，也包括它所孕育、鼓勵出來的各種文化貢獻。但是，仔細檢視那些潛藏在美好事物背後的東西，你就會看見美國擁有的毀滅性特質，譬如它干預國際事務的方式如何爲其他國家的國民帶來死亡與苦痛，又譬如那些種族滅絕與奴隸制度的歷史，諸如此類。當然，你也可能認知到美國具有毀滅性的力量，並同時認爲它是個偉大的國家，這兩種認知是可以共存的；但有些人寧願不要這樣想事情，以避免認知失調。

要確立你自己的價值感，最簡單的方法永遠是去貶低他人的價值。比起確實定義你自己到底擁有什麼特質，說你自己「不是」什麼，永遠容易許多。

這也是爲什麼對於男人這整個性別的仇視與心理投射非常不妥，因爲這跟過去幾百年來，男人對女人做的事情如出一轍啊。爲了不覺得自己脆弱，男人將脆弱投射到我們身上。爲了不覺得自己情緒化，男人就將情緒投射到我們身上。而現在，當女人不願覺得自己愚蠢時，我們就將愚蠢投射到男人身上。當女人不想要知道自己也具毀滅性，我們就將毀滅性投射到男人身上。

在這種投射行爲下，我們不僅拒絕看見完整的男性，同時也拒絕看見完整的自己。如果只接受自己身上好的部分，那我們就不是完整的人；如果我們只看見淺色系，光譜中就沒有足夠的多樣性。

過去這幾天我在網路上爬文，根據幾位女性作家的發文，男性是：自大的、具侵略性的、無能、心裡有病、恐女、法西斯、這個世界之所以一團糟的罪魁禍首、笨到不能再笨，以及萬物的問題。

這些女性眞正的意思其實是，她們自己並不自大、侵略性不強、不無能等等，下不贅述。去指責男人都是這個德性，實在比說自己不是怎樣怎樣容易太多。如果你突然開始自吹自擂，說你自己有多棒，人們就會頓起疑心，並開始尋找反證。但將這些負面行爲與特質都歸到你的對立群體身上，你就可以不費吹灰之力，又不用擔心遭到批評地大說特說：我絕對不會這樣做，我絕對不會像那樣。

聽著，像這樣貶低男性自尊，固然好玩，或許還讓你感覺自己是在爲民除害，畢竟男人顯然太不可一世了，否則他們怎麼會以爲光憑男人就能讓這世界正常運轉這麼久？這只不過是要導正男人看待自己的觀點，讓他們更能看清自己眞正的樣子而已啊。但在我看來，若我們眞的比男人好，就不會如此輕易地染上他們所有的壞習慣。我們應該要能在不貶低男性價值的同時，找到自己的價值才對。

我們同樣也要檢視，這種心理投射行爲對於投射者與被投射者雙方而言，各自帶來什麼影響。用負面特質去定義一個群體，好讓你在自我定義時覺得自己「至少不像那樣」，反而可能進一步鞏固了那個你不想要的特質。

當塞爾維亞人想要妖魔化波士尼亞人時，其中一個做法就是強調波士尼亞人的穆斯林自我認同。在戰爭之前，波士尼亞的穆斯林無論在態度或衣著上，多數都相當入世；在戰爭之後，蒙面女性的數量與其他宗教行徑都開始增加。那是一種反抗行爲，是要爲那些被貶低的事物平反（在這裡，則是要爲那些被妖魔化的事物）。那些已經不再流行的傳統，突然之間變得無比重要：畢竟，這就是爲什麼那些人仇視我們的原因啊。慶祝對方所仇視的東西，再好不過了。

至於對別人做心理投射的群體來說，從貶低對方尊嚴的這個壞習慣著手，永遠不是什麼好事。一旦你開始投射，那個行爲就成了你的藉口，讓你不再需要反省自己傷害他人的能力。如果他們是壞人，那你就是好人，所以無論你對他們做了什麼事，都是爲大局著想的好事。這也是爲什麼，任何一個不同意你的政治論述的人，全都成了希特勒。無論你對希特勒說什麼或做什麼都無所謂了。只要讓他或她成爲希特勒，你就立刻成爲這裡最有品的人。即便你攻擊這個人的方法很下流，但那又怎樣，這個人是希特勒欸。只要目的正當，就可以不擇手段，而這個目的之所以正當，則是因爲有這個投射行爲。

當我們自詡比他人更優越，就會開始泯滅對方的人性，以提升我們的自我意識與價值。我們會爲了彌補自己的不足，直接從對方身上奪走自己需要的東西。我們將對方的自信、確信視爲剩餘，既然我們需要，那就想方設法從他們身上搶過來。

一旦壓迫者的權力開始傾斜，我們很容易就會因爲地位互換，也跟著採取他們的手段。過去爲了壓迫我們，他們踐踏我們的人性；而因爲我們任其擺佈，我們也只能踐踏回去——畢竟，只有禽獸才可能這樣對待別人啊。相較於嘗試理解一個人如何成爲壓迫者，相較於認識到不管是誰，包括自詡獨特的我們自己，都可能在那個過程中成爲那樣的人——還是這樣想容易得多。

等到權力易主（畢竟風水總會輪流轉），人們很容易繼續將過去的壓迫者視爲禽獸，無論是要施加懲罰、進行復仇，還是在日常互動中，我們都將承襲那些人過去的傳統。如果他們是禽獸，那麼我們對他們說什麼、做什麼，或認爲他們是什麼，根本就不重要。在我們心中，他們就是壓迫者，而我們就是被迫害的人。

被害者心態與泯滅人性的觀點，結合起來是很危險的。現在，即便已經成爲迫害者，我們卻百分百確信自己遭到迫害，自己的人性尊嚴遭到剝奪，自己是受害者。這種被害者心態成了一面盾牌，讓我們不再需要省思自己到底在做什麼事情。顯而易見的，這是爲了保護我們。正如我們口中所稱的「禽獸們」對我們採取的立場——女性不是完整的人類。因爲唯有如此，他們才不需要省思自己到底對我們做了什麼事情。

復仇所帶來的誘惑也扮演著一定角色。任何一個遭受過迫害的群體，都曾經用復仇的美夢自我餵養。這就和我們在社群媒體上看到的鄉民式正義沒有兩樣。

就女性過往的處境來看，發展出這種狀態其實也滿合理的。我們或許不願承認有這些感受，但已有許多證據顯示，它們確實存在。嘗到獲勝的滋味已經不夠，一定要有人輸才行。任何一場爭取自由的戰役，幾乎都是這樣失控的：愛爾蘭人開始用炸彈攻擊平民、開羅解放廣場上的抗爭者開始對女性使用性暴力、哥倫比亞的游擊隊開始攻擊自己當初宣示要爲其服務的貧窮農民。

但我們斬釘截鐵地說，這次不一樣，我們可是女人啊。那些都是有害的男子氣概帶來的問題，我們不用思考自己的怒火與暴力傾向，因爲那些都是男人才會有的問題。

然而幾乎每一場爭取自由的戰役中，女性都未曾缺席。無辜市民成爲攻擊目標時，她們在場；安裝炸彈裝置的時候，她們也在場。反駁當時的女性沒有足夠力量站出來反對這些行爲，或者反駁她們只是被男性同僚洗腦，其實都只是試圖切割每個人心中皆存在的黑暗面。然而，和你自己的黑暗面切割，將會讓你失去控制它的能力。

用受苦來博取同理與關心，我們越來越有這個傾向。彷彿我們曾經受苦，我們曾遭壓迫，所以我們就有資格變得自私。我們曾經承受過那麼多苦痛，所以我們就有資格僅將在乎放在改善自身處境上。

在我從事的產業，也就是出版業，白人女性佔大多數。相較於男性，有更多女性從事出版業，她們可能是編輯、公關人員、執行長，也可能是實習生。女性也聚集在文學獎委員會、文學雜誌、書店、報社中的出版品部門。雖然出版業的領導位置不成比例地由男性佔據，產業的大部分人員其實都是女性勞動者。

然後，過去幾年來也出現衆多由女性出版或支持的書籍。女性出版作家的比例已經增加，獲得文學獎項、寫作計畫補助與研究經費的女性數量也增加了。在文學世界中，針對性別歧視、女性近用權等議題已有不少嚴肅、完整記述下來的討論，而且幾乎在各個層面都有實施具體作爲，以處理性別不平等的問題。

上文中的「女性」，當然我是指「白人女性」，尤其是指中產階級以上、受良好教育的白人女性。

較不受重視、較少人討論的主題，是關於非白人族裔作家進入文學界權力中心的管道。而關於 LGBTQ 族群、身心障礙族群、經濟弱勢族群的近用權，則在更後面。

換句話說，特定階級的女性過去是有能力進入文學界權力核心的。接著，已經在裡頭的女性會推動改變，好讓自己的同儕也能逐漸進入核心。在那裡，女性會捍衛自己的權力，抵抗外來闖入者，譬如非白人族裔的作家，或是貧窮出身的作家。她們會爲了自己的利益而戰，或者爲了與自己高度相像的人們而戰，並且拿她們過去曾經面臨的不平等待遇，正當化自己的行爲。

（我們必須注意，那些得以躋身權力核心的女性，往往跟掌握權力的男性高度相像：無論在階級、種族、教育體系或所在地理位置。他們往往共享相同的觀點與價值觀。換句話說，她們的進入，某種程度上來說，根本不是接納的勝利，只不過是稍微修改了對排除的定義而已。）

現在，女性已經佔據出版業中超過半數的職位，人們可能會認為，這代表我們已經創造了一個開放的環境，所有族群都已經獲得平等進入的機會。但實際上，這件事情根本沒有發生。當有人問，為什麼出版業仍是一個如此排外的產業，很少人會從「父權體制」的方向回答。但是，即便權力地位提升，女性還是持續強調自己缺乏權力。

因為抱怨你所不擁有的權力是比較簡單的，去思考你自己已經行使多少權力則相對困難。單純重新創造一個排外的體系以及各種不平等，這些東西在過去由男性主導的出版業中早已不是新鮮事；唯一的差異是，現在有（少部份的）女性成功從體系外面走到裡面——這整件事情完全不會讓這個產業變得更加平等。而且，正因為她們可以責怪創造這個體制的人，她們自己的行為好像就無庸置疑，即便那些行為都只是要維持體制中的排外性與不平等。

女性也是人，她們工作、生活的方式自然也與一般人一樣：親我族類。但在現今這個如此強調認同的社會中，在這個先自我認同爲女性、接著才自認爲人類的狀態下，這種「非我族類，其心必異」的傾向會漸趨鞏固。社會連帶的範疇不再是全人類，而是變得僅限於和自己相似的那些女性，僅限於你可以從中看見你自己的女性。

想要從你的苦難中得到收穫是很正常的。你走過了匱乏貧瘠，撐過了歧視與羞辱，你總算來到另一邊，好不容易開闢了一片屬於你自己的天地。現在，你認爲那些付出需要有所回報。

這也是爲什麼我們很容易一直強調自己掌握的權力不夠，並且把不平等全部怪罪到別人頭上。因爲只要繼續這樣做，我們就可以持續從我們的新位置獲益，但又不需要像現在的男性一樣，被要求爲獲益負責。

過去幾十年、幾百年，我們眼睜睜看著男性從他們的權力位置汲取好處。我們從他們身上學習如何過河拆橋、如何技巧高超地操縱我們，讓我們相信，我們根本不會想要獲得那些東西。因爲那眞的很無聊，你不會喜歡的；或者因爲這是多麼瑣碎的事情啊。然後我們就眼睜睜地看著他們佔據那個位置，從中獲益，而且不只是經濟上獲益，就連情感上也獲益。當然，我們也想獲得同樣的東西。那些男人就是我們的典範，我們發現，唯有透過父權的行事作風，才有可能成功。

男性文人過去用來貶抑女性作家的主要方式，就是去強調男性寫作的優越處。他們讚賞男性文學作品中呈現的特色，強調那才是最佳典範後，進一步強迫女性，要她們放棄在體制中獲得尊重的可能性，不然就是選擇仿效男人的寫作方法。他們堅稱，品味是客觀的。他們從不懷疑那個品味對於他們、對於他們的政治或歷史位置有何看法；而且他們確實成功說服多數女性相信，他們是正確的。

現在，女性文人也開始做同樣的事情。她們讚揚女性的寫作方式，並爲其創造優勢地位。換句話說，她們是在創造機會，主張自己的寫作方式值得被重視，但被犧牲的，則是那些與自己的背景或價值相異的作家們。

等一下，我們沒時間了，我們無法成爲支配性的族群。即便我們做了這些事，我們也不會得到跟男性過去能獲得的同樣財富、地位以及滿足感。因爲被排除在外的不只有我們，還有更大、更多的群體不得其門而入。而且，該死，他們竟然已經跟著我們跑進來，要爭取他們的入場機會，我們甚至根本還沒站穩腳步啊！如果我們可以稍微讓他們晚進場一點，說服他們，先讓我們擁有這些東西一下下，到時候再換他們……

等我們獲得跟男人一樣的權力，我們就會開始發展多元共融，這種話說起來當然容易，因爲我們都知道這事情根本不可能在我們的有生之年發生。如果我們眞的費自己的力氣去爲全人類的利益努力，而不爲我們自己，那我們永遠都拿不到我們渴望的東西了。我們這一生，永遠都無法像過去那些男人一般地過生活了。

只能認同與你自己相像的族群，其實是一種同理心的失敗。那就等於是只在乎你的個人利益一樣，充其量就是一種自我陶醉的行爲。

其實，是因爲我們自覺無力、無法改變世界，才會出現這種只關心自我成長與自我培力的症狀。（而且我們容易誤解，以爲只要你自己過得不錯，這個世界大概也會過得不錯。）

這種絕望感來自於精疲力竭。我們費盡全力，要改變社會，要改變世界，要在體制內爲女性創造足夠的空間。但我們的努力沒有完全奏效，因爲它不可能奏效，這個體制本來的設計就是要將我們擋在門外。

因此，現在還是關注我們自己比較容易，關注我們所沒有的，而不用關心我們已經擁有什麼。關注我們如何遭到打壓，而不用注意我們現在已經獲得許多新的管道，這比較簡單。我們很容易因自己的沮喪失望分心，假設今天的問題是我們沒辦法得到自己想要的東西，而不是我們根本就在追求錯誤的東西。沒有得到你要的東西，不是壓迫；同樣地，你，作爲一個人，在父權體制中過得很好，也不代表我們在政治上已經獲得勝利。

自我培力之所以會帶領我們走向剝奪人性尊嚴、排外與自戀行爲，是因爲我們仍然隨著父權體制的價值起舞，仍然相信父權體制對於成功、快樂與生命意義的定義。

多數當代女性主義都會使用權力的語言。女孩需要被「培力」、女人需要爲「自我培力」或爲「女力」而戰，卻鮮少討論，到底我們要使用那個力量做什麼。因爲那不是很明顯嗎？去做任何女孩想做的事啊。

然而，在一個以財富衡量成功、重視消費與競爭、貶低同理心與社群的體制中成長，意味著這些女孩與女性想要做的事情，早就已經被灌輸這些價值觀了。如果缺乏細緻審視，缺乏思考與行爲模式上的轉變，女孩想做的事情就是要變得有錢有權，也很可能只是想延續她的從屬地位。因爲一個無法提供現有體制之外選擇的女性主義，仍然充斥著既有體制的價值。

幾百年來，父權體制對於快樂的定義早已定調：由他者主宰你的意志。以前，有人可以代替你承受一切，所以你甚至不需要承認這件事情的存在。

我們並不是沒有力量創造新的生活方式與新的社群型態。問題在於，如果我們眞的這麼做了，我們就無法再從父權體制獲得權力作爲酬勞——那可是我們一直以來被教育應該追求的東西啊。長期以來，我們的教育都是：如果我們更有錢，我們會更快樂；如果我們是衆人矚目的焦點，我們會更快樂；如果我們組成核心家庭、擁有一個支持的配偶，我們會更快樂。我們首先必須捫心自問，我們自己渴求的是什麼，對快樂的定義到底是什麼，才可能以自我培力為名，去做真正有益的事情。否則我們的世界只會繼續維持兩個對立的團體，一個有被培力、一個沒被培力而已。

我們擁有足夠的力量可以做好事，但只要我們繼續認為所謂的「好事」代表的只是「對我有益的事」，那麼這件事情永遠都不會發生。在這種思路之下，創造一個會接納我又讓我自由的世界，其吸引力遠比創造一個對所有人都敞開雙臂、讓所有人都自由的世界還來得高。

我們被承諾，只要在體制內待得夠久，就能獲得報酬。然而尋找新的存在模式意味著，拒絕那些可能的報酬。

唯有待在父權體制的結構裡，女性才需要剪裁她們的自由。從結構中抽身，代表要放棄結構中因你有所參與而賞你的小小獎勵；但與此同時，你也將重新獲得你的能動性。

第六章　我們所選擇的戰爭

女性主義，特別是網路女性主義的目標，是那些個人層次的厭女行爲。只要有人做出可議的行爲，無論男女都會被挑出來嚴加檢視，若眞有什麼不當之處，就會馬上祭出懲罰，而懲罰多半是要求該名人士離開其工作崗位。

過去幾年我從旁觀察到，每當出現性侵指控或性騷擾疑雲，每當出現同工不同酬的大案件，每當有人發表厭女言論——無論是政治人物、作家、其他有權勢的男人，還是那些不太熟悉「交織性」（intersectionality）這個相對新穎詞彙的第二波女性主義者，每當有女性主義論文並未適切支持某個網路評論者對某議題的主張，每當有某個老男人開了個不好笑的玩笑，又或者每當某個頂尖科學家在記者會上穿了一件不對的T恤，上述的戲碼就會上演。

犯錯者將被要求「出來面對」，抗議活動開始浮現，網路上則出現各式各樣相關的 hashtag。這些事件也都以差不多的方式落幕：要不就是事件主角在他們的位置上變本加厲，要不就是相關機構為了避免被公開羞辱或群眾杯葛，馬上開除那個做出不適任行為的當事人，並找人取代他的位子。

已經有許多人書寫過這種「憤怒文化」（outrage culture），而作者多半是那些潛在目標。他們主張，我們生活的社會實在太動輒得咎了，女性已經完全喪失幽默感，人們對那些厭女行為的抨擊力道已經過當云云。他們稱之為「失控的政治正確」。

我其實不太在乎這些東西。無論該名男子是否被不公正地開除，無論該名女子是否值得收到那些長達數週的謾罵信件，就全局來看，一個男人因為他在無意識或欠缺考慮下所做的行為或言論，接收到的過大後果，其實絲毫比不上一位女性每一天要在父權社會中公開生存下去得面對的種種惡意。

但我的漠不關心本身確實是個問題。當我聽說諾貝爾化學獎得主提姆·亨特（Tim Hunt）因爲網路上某個人沒頭沒尾節錄了他講的一個無聊笑話，結果就被他的大學開除，我本來並不眞的很在意。我那時覺得，既然他是一個老白男，當然曾經做過其他性別歧視的行爲，所以被開除也只是剛好而已，即便我也知道一個笑話理應不該具有摧毀一個人數十年生涯的威力。我想，當時我的想法大概就是這樣：「又是一個老蠢蛋，從小就被灌輸女人比男人笨的觀念，現在風水輪流轉了吧。」這不過就是又一個男人做出男人會做的事情，然後獲得了當男人會有的負面效應罷了。當男科學家與社論者後來群起，義憤塡膺地高喊「私刑暴民」、「失控的政治正確」時，又更進一步鞏固了我的想法，認爲亨特丟了飯碗根本無所謂。

但後來，我的漠不關心開始讓我感到有些困擾，尤其是在我讀完整個笑話的上下文後。（亨特曾在演講中提到，女性不應該和男性同處實驗室中，因爲她們永遠都會和裡頭的男性墜入愛河，然後就會分心。在相關討論中遺漏的一個重要資訊是，這正是亨特和他太太相遇的情境，而且他講這段話時，他太太就在他身邊。）不善社交的男性在科學盛會上開了個「拜託……快帶走我老婆」的笑話，被不對的人聽到，接著他一夕之間什麼都沒了。英國皇家學會立刻跳出來撇清關係，幾天之後亨特就遭學會除名。

這一切發展顯示，當天會議的聽眾裡，有人早已伺機而動，準備出擊。有人想要，而且也早已準備好要讓某人下台。某種程度上，這其實是件滿合理的事。科學領域中的女性一向都得面對嚴重的厭女情結，換句話說，在此領域中的女性佼佼者，自求學開始就經歷過各種有意無意的挫折與打壓，經歷過實驗室那種嬉鬧男孩俱樂部的氛圍，經歷過缺乏實質指導的孤寂過程，甚至在求職或追求升遷時，也經歷過各種赤裸裸的性別歧視。走過這一切的人對於自己長年的職業生涯，勢必會，也理應會帶著滿腔怒火。

不過，除了對提姆．亨特發動攻擊的聽衆外，還有別人也早就伺機而動。亨特所屬的那些機構，後來也在沒有檢視全局的情況下紛紛撤回他們對亨特的支持。這些機構過去早就看過這些事情了：像這樣的抗議聲浪會快速蔓延，那些「盛怒的」女性主義者將會開啓一場尖酸又龜毛的對話。亨特所屬的大學也一樣，毫不考慮就將他開除——對，也是因爲他說了一個爛笑話——因爲他們過去早已看遍這類抗議在校園內遍地開花、失控蔓延的事情，而這一次，他們要在抗議尚處含苞待放時，先下手爲強。那些轉發攻擊亨特的原始推文，厲聲要求他出來面對，否則就不善罷甘休的每一位女性，個個都摩拳擦掌，準備好要負面解讀他的所有行徑，反正我們的目標可是個理工科的異性戀白種老男人啊。又或者，單純因爲他是個男性。人們篤信他罪孽深重（甚至磨刀霍霍要拿下他），卻完全沒有想到要重新檢驗他是否眞如攻擊者聲稱的說了那些話。

而亨特的同僚，那些使用「私刑暴徒」這種考慮不周的詞彙去描繪這些女性主義抗議行動的人，其實也早就準備好要大開殺戒了。他們多數人大概也心知肚明，這種事情有多麼容易發生在自己身上，任何一個有心人只要隨便用支手機，就可能錄到他們自己做出各種毫無防備的失言時刻。

復仇已經正式成爲女性主義政策中的一環。當某個男人因爲無意講了個爛笑話，導致他的工作與一生奉獻都付諸流水時，我的眼睛可以一下也不眨，許多女性與性別倡議者同樣如此。這正是爲什麼在整個性別社群中，對於這種循環的檢討與反思這麼少。但這種復仇的循環是有壞處的，待在這種毀滅性的動態中越久，我們就越難以運用自己的力量去成就有建設性的事情。這些個人層次的復仇行爲，讓我們以爲自己好像已經在做很有意義、很有建設性的事情。但是，大部分的女性主義文化，對於這種行爲爲何總是反覆出現，爲何憤怒文化令人感覺如此爽快，卻仍舊缺乏認知。

我們每個人手中都緊握一張怨懟清單，上頭列滿每一次我們所經歷的不公不義、侮辱輕蔑，以及遭到踐踏的時刻。但我們沒有反擊，也沒有起而發聲，我們什麼事都沒做。正是這張清單，滋養強化了整個憤怒文化。

我們忘記要反思這份清單，也忘記要仔細檢視，清單上有哪些事件是性別歧視的結果，又有哪些事件只是我們運氣不好，只是壞事發生，或甚至實際上眞的是我們做錯了。搞錯方向的怒火不但充滿破壞性——因爲每個人都帶有怒火，而且很多人願意爲了你的目標開砲——還很愚蠢，而且丟臉。如果你鮮少檢視自己的憤怒清單，你就會因爲自己入學遭拒而將大學一狀告上法院，並聲稱平權法案讓大學充斥一堆資格平庸的少數族群學生，卻絲毫沒有注意自己的在學成績、大考分數與校外活動表現有多差勁。憤怒就開噴，這是多麼便捷的宣洩方式啊，我們就可以躲過自我檢視與省思的苦差事了。

我們也忘記，自己可能做了什麼事情而被列入其他人的怨懟清單。和我們不同種族、不同國家、不同性傾向的人們，他們過去都得承受我們的愚蠢、我們的輕率、我們的言論、我們的書寫、我們加諸在他們身上的各種強迫，甚至是我們看待他們的方式——等待他們展現出某些糟糕行爲，好讓我們名正言順地繼續預言他們其實是很糟糕的人類。沒有人是完美啓蒙的，就連異男都有自己的怨懟清單，而且清單內容多數也合情合理。

我們也會在別人的怨懟清單中出現，這件事情應該可以帶給我們一些啓示，那就是我們要區辨何謂無心之舉，何謂有意之惡。這是截然不同的兩種行爲。舉例來說，在我們想了、說了或做了某些種族歧視的事情時，如果我們願意自我審視，而不要否認或企圖帶過，那些時刻就可能幫助我們瞭解，到底自己的這些想法從何而來。

那個愚蠢的、種族歧視的想法根源是什麼？單純只是表達你心中對於這個人以及他所屬群體的眞正想法嗎？還是，其實我們已經太受到社會與媒體，這兩個帶著滿滿種族歧視、恐同情結、仇外心態與性別歧視的體制影響，以至於我們腦內有許多角落，早已在不知不覺中佈滿許多未經檢視的想法？我們要掩藏住那些出現歧視想法的時刻，因爲我們爲此感到羞愧，而且我們深知那些時刻可能帶來什麼下場。要假裝那些時刻不存在，我們才能坐在道德制高點，去批評其他那些不太能好好控制自己黑暗面的人。

我並不是要主張個人不需要對這些充滿偏見與仇恨的舉止負責。我們當然必須負責。作爲公民，我們有責任要竭盡所能去檢視、理解這種影響，而且我們還應該透過教育、透過吸收其他群體的文化、透過傾聽，以及最重要的，透過同理心，去化解那些影響。理解我們自己的弱點，應該能夠幫助我們理解厭女情結（以及種族主義、恐同心態等等）的核心，因爲它們不是潛藏於個人心中，而是潛藏於這個社會構成的基底裡頭。我們應該要理解，追殺一個又一個厭女個體，就跟有人當面戳破你自己的隱性偏見一樣，不會有什麼效果。除非我們這些願意奮戰的人，能把焦點放到眞正的根源上，否則無論我們怎樣試著自我清洗，那些核心還是會持續存在。

我們一直沒有受到激勵，去擔起這個艱困的任務，因爲我們耗費太多時間在照顧我們的怨懟清單。當每個人都只看見自己的怨懟，要創造新的行爲模式就變得困難起來。

憤怒與有原則是兩回事。憤怒的女性主義者就像古希臘的復仇三女神，要求以牙還牙、以眼還眼，甚至是加倍奉還——你傷我一根眼睫毛，我就要你一隻眼睛；你說一個笑話，我就要你的工作。我們每個人內心都渴望復仇，但若我們眞的任其滋長，我們就完蛋了。

所謂的行爲準則——當然啦，如果你喜歡的話，也可以稱其爲政治正確——要求每個人都必須體現一定程度的人文素養。如果有人嚴重違反這些標準，無論是透過暴力，或是赤裸裸的仇恨語言，那個人應當遭到懲處。但如果那個人沒有辦法展現那樣水準的人文素養，我們不應該將其驅之千里，而應該花時間反駁與說服他，他們的行爲應該要能夠開啓對話。如果我們想要求他人展現特定行爲準則，我們本身自然也應該符合那樣的標準。活在群體中代表我們有時得承受一些難相處的時刻，得接受別人的缺點，但同樣地，別人也會容忍、接受我們身上的缺點與難相處的時刻。

我們不願意提醒自己，對於白異男的日常妖魔化（casual demonization）所體現的偏見與仇恨，與滋長厭女心態、種族主義、恐同傾向的表現其實並無二致。那或許稱不上是性別歧視，因爲那些行徑並沒有體制的力量撐腰，然而仇視白異男跟其他形態的仇恨行爲一樣，都是怠於思考、亂找戰犯，且以發怒爲樂的行徑。

我的重點不是要大家去保護男性不受這些仇恨侵擾。這些仇恨的背後並沒有制度力量支撐，所以其實也還好。再怎麼嚴重，這種仇恨也只是互傷大家感情、吸引憤怒與不滿而已。我的重點是，我們應該要保護我們自己，不要掉進這個怠惰反智的陷阱裡。因為，呈現戰鬥狀態、創造一種「我贏你輸」的小圈圈，固然令人感覺良好，但那種思考方式、說話方式、寫作方式，卻毫無價值可言。只因為有人是白種異性戀男子，你就對其嗤之以鼻，這種行徑只會拉低我們的格調，成為固守意識形態的盲從者。因為當白男變成無聊、特權階級、平庸的代名詞時，我們就不再需要思考，只需要不停再製刻板印象而已。這種行徑跟所有其他刻板印象一樣化約，一樣廉價。

我們也必須思考，我們到底想要一個怎麼樣的知識環境。一個會無謂、暴力地對待異議與歧見的環境，是一個毫無可能性且了無生氣的環境。當女性主義者花費這麼多力氣在矯正大家說正確的語言、用正確的詞彙，同時卻花費這麼少的力氣去剖析那些概念背後的深層正當性與權力樣態，女性主義的論述早已變得空洞。就連極小的不同意見，都可以被放大成攻擊與辱罵，這種氛圍自然容不太下讓作家們在公領域發展複雜論點的可能性。

我們或許覺得永遠不受挑戰比較舒適，但結果就是我們身邊只剩下同溫層，而這只會帶來更失格調的論點。說著「男人已經控制話語權數百年了」這種藉口，並不會讓你更有正當性去採用他們的手段，好嘗試奪回掌控權。

我們所需要的，是一個尖銳鋒利的女性主義，是一個不會在即將到來的大戰前卻步的女性主義。如果我們想要創造一個更好的世界，我們就需要站在一個與父權體制截然不同的立足點上。不過，此處我們卻碰上一個有點棘手、難以解決的問題：其實多數女性在本質上並沒有比多數男性更優秀。而除非我們對話的焦點能夠脫離這個使人越陷越深的泥淖——遠離這個令人感覺良好卻空洞無物的憤怒循環——否則我們很可能只是讓這個世界變得越來越糟。雖然基礎結構都一樣，不過你看，新的窗簾是不是很美呀？

憤怒文化究竟能帶來什麼實際貢獻？過去曾有段時間是。厲聲要求某人出來面對，就眞的能開啓對話與辯論，譬如：我們如何能夠更支持身處科學領域中的女性？但那樣的日子已經過去了。在發生過類似亨特的事件後，現在唯一有資格發言的人，就是那些也有類似經驗的受苦女性。她們聚集在一塊兒，彼此交流，分享自己爲了克服這一切共歷經了多少苦痛，並且誓言要報復任何膽敢挑戰她們故事版本的人。

現在已經有許多特效藥，可以化解這種集體憤怒——只要有人被開除、有人被逼著關掉推特帳號、有人被迫做出不情不願的公開道歉——這事件就告一段落，人們也開始學會不再張揚。然而，沒有公開談論那些性別歧視的笑話，並不代表潛在的性別歧視已經不復存在，人們只是變得更懂得藏住自己的偏見而已。讓種族攻擊的語言變得社會不容，完全無助於創造一個沒有種族主義的世界。我們的警察竟然能夠如此殘暴地屠殺黑人男女，不就是個再明顯不過的例子了嗎？同理可知，禁絕所有性別歧視的笑話，自然也不太可能創造一個對女性更友善的環境。我們不能只有特效藥，無法搭配體制改革的政治正確沒什麼用；不成比例的懲罰，除了創造更多怨懟與恐懼外，什麼也做不到。

膝反射式地回應我們個人的憤怒與怨懟，只會讓厭女情結維持在個人層次，讓我們只會一味追殺那些個體戶，嘗試根除那些潛藏的心理創傷、深層仇恨或媽寶問題。但那些張揚外顯的厭女行為，其實都只是障眼法，而那些厭女的個體，其實都只是病症，而不是病灶。

一次攻擊一個人，絕對沒辦法消除世界上的厭女行徑。我們身處其中的體制，是一個獎勵競爭與暴力的體制，是一個貶低同理與關懷的體制。除非整個體制本身經過調整，否則這樣的體制就只會持續製造更多更多的厭女人士。

要從憤怒文化脫身，我們就得先接受這個事實：在這場我們已然完全栽下去的戰役裡，我們根本沒有勝算。僅在個體層次處理厭女行爲，絕對沒有辦法創造一個更安全的世界。我們眞正的敵人，是這個以金錢爲運作邏輯的、獎勵慘無人道的、鼓勵斷裂與孤立的、創造更多不平等與痛苦的整個文化。那才是唯一值得我們戰鬥的敵人。

當然，要跟整個結構戰鬥，代表的是在我們的有生之年，可能永遠看不到眞正的成功，而且改變進程甚至可能慢到我們幾乎無感。

憤怒文化，當然不全然具破壞性，但絕對是個極度缺乏建設性的存在。因爲它讓我們感覺良好，而且乍看之下，它彷彿有機會帶領我們打勝仗。如果我們可以擊潰一個敵人，如果我們可以打倒一個心中有性別歧視的男人，我們就已經爲這世界做出了一丁點改變，彷彿這是一番成就一樣。然而，總有別人能夠填補上那個位置。而且，或許那個人將更懂得如何妥善控制自己心中仇恨的展現。

這個體制爛透了，而且它對我們並不友善。這就是爲什麼我們必須變得狡詐，必須知道應該要把我們的智識力氣放在哪裡。浪費我們的力氣在跟一些推特鄉民大戰，成天高喊要求公開處決那些無害的老男人，絕對不是運用我們寶貴的時間、精力與資源的聰明之舉。

第七章　男性不是我們要處理的問題

現在，先稍微暫停一下我的思路，把注意力放到可能正在閱讀本書的男性身上。

也許你拿起這本宣言，是因爲你也對女性主義有一些意見。也許那些意見非常誠懇，也許你不同意時下的女性主義哲學思想，也許你其實非常支持女性主義的基本原則，只是對於表述那些原則的方法感到困惑。也許你讀過費爾史東和德沃金的書，也已經消化過她們所激起的情緒與想法。也許你已經整理好自己對於自身缺點與脆弱性的恐懼，也許你已經審視了過去自己是如何將這些情緒投射到女性身上。也許你已經解決了你對陰柔氣質的不適感，也許你已經給予自己的生命足夠的空間，讓溫柔與美麗與愛得以進駐。

又或者，你自詡所知甚多又有敏感度，只是你對於那些一副很獨立自主的女性眞的很反感。或許你想要有一個女性作家能夠告訴你：沒問題的，你可以認爲女性是愚蠢、盲從的白痴，而且女性主義確實如你所深切渴望的那樣，只是一場不堪的鬧劇。或許你只是在找個好用的藉口，這樣你才不需要認眞看待女性。

你可能介於上述這兩者的中間，但無論如何，對於我所提到的這幾點，你可能確實有點困惑或有點疑慮，而且你希望我能夠給你一些答案。

如果眞的是這樣，我的回應如下：別拿那些鳥事來煩我。我沒興趣。你，作爲一個男性，並不是我要處理的問題。我的工作不是要讓女性主義變得對你來說更平易近人或更容易理解，我的工作不是要去培養、鼓勵你產生同理心，更不是要去教導你，當女人作爲一個人活著時，你要如何自處。

然後拜託你也別拿那些鳥事去煩其他女人。那不是她們的工作。你的啓蒙不足並不是我們要處理的問題。請你自己去搞清楚，去讀相關的書、去感受你自己的情緒，不要凡事都去找別人。爲了自己、爲了彼此，男性應該要自己去做這個功課，你不能要求女性得浪費下一個一百年的時間，去承擔你的不適與困惑。各位男士，拜託做好你們自己的功課好嗎。

我知道，男性往後的日子勢必會越來越不好過。他們得開始仔細審視自我——這可是他們逃避了幾世紀的事情。他們得在這個地球上尋找新的生活方式，這可都是女人害的。同時，他們也將竭盡所能，避免自己得經歷這一切。

你與女性主義的初次接觸本來就應該要讓你感到不舒服，因爲所有你曾被灌輸的一切教條都必須被戳破。你勢必得爲自己的行爲感到懊悔，你也勢必得承認，你這一生其實都非常厭女，無論你是有意還是無心。要避免上述這些不適感，有一個方法，那就是請女性重新確認，你其實是那些好男人之一，你其實超有性別敏感度。但這其實就是在操縱。而另一個避免不適感的方法，則是維持你的那些暗黑想法，反覆想著：那些女性主義者到底有什麼毛病。

讓我說清楚，我根本不在乎你對這本書的回應。不要寄信給我、不要聯繫我，這次拜託你自己處理那些鳥事。

好。我們講到哪了？

男性不僅佔據我們生命中的許多位置，同時也包括我們的腦內空間。男性已被涓滴形塑為社會中的「權威」，我們甚至已經將其視為審查我們想像的幽靈。那其實就是我們已經內化了的男性凝視（male gaze），只是那不僅關於性慾，更是對我們生活中每一個角落的全面觀察。同樣地，我們總是預先，幾乎是無意識地，揣度男性對於我們外表的反應。當我們看著鏡中的自己，我們會用他們的標準去判斷自己看起來性不性感、漂不漂亮，我們會預先揣度，對於我們的行為舉止、我們說話的方式、我們對生活所做的選擇，男性會有什麼反應。這個社會極其重視陽剛面的生活模式、觀看與評價方式，還會獎勵那些步調趨同的人，而我們竟也內化了這整個過程。在現實生活中的男性更進一步強化這一切，因爲他們會對我們的行爲或選擇品頭論足，這眞的很容易讓人混淆，搞錯了這些男人的重要程度。

可是，男性在我們腦內佔據的空間，其實多數都是我們給的。是我們邀請他們進門，卻忘記送他們離開。就連女性主義論述也總是假設有男性讀者的存在，甚至還迎合他們。

譬如，認爲女性主義者們應該統一陣線，因爲任何爭吵或分歧都會壯大我們的敵人。這種想法就是一個例子。所謂「我們的敵人」，其實不過就是那些我們在自己腦袋中創造出來的男性觀衆們。

在墮胎權運動中，這種狀況就反覆上演，有時是我親身見證，有時則可以在網路上看見。在美國，許多墮胎過的女性應該都對此經驗感到既苦惱又困惑。女性主義者總告訴她們，墮胎不是什麼大事。該陣營的主要論述是，墮胎手術雖會造成些許不適，你在手術過後也可能會感到有點難過，但你最主要會覺得鬆了口氣。

於是她們就去做了墮胎手術——即便對某些人來說，手術過程可能真的極其痛苦，手術過後也可能極度悲傷。明明人們總告訴你一切都很好，但你的經驗裡卻完全不是如此，這樣的落差讓人非常難以調適。在美國尤其如此，因為美國的墮胎診所多半沒有提供什麼諮商服務，健保也不給付，換句話說，想要減輕手術過程的疼痛，只會讓本來就所費不貲的看診，變得更加昂貴。

然而，當這樣的女性想要說出這些痛苦難熬的經驗時，她們卻會被要求保持沉默。要為大局著想啊，任何歧見都可能被擁護生命權陣營的敵軍拿去，當作要「保護」女性不受墮胎手術傷害的藉口。

姑且不論擁護生命權的敵軍過去已經瞎扯了多少跟墮胎有關的鬼話，像是墮胎會導致癌症、會導致創傷後壓力症候群（PTSD）、會導致不孕云云……這一題早就已經是他們的守備範圍，根本用不著我們幫忙。

之所以認爲女性或女性主義者一定要一致對外，似乎源於「唯有展現團結的力量，我們才能克敵致勝」的想法。我們一定要團結一致，我們一定要掌握全局，我們絕對不能批評這個運動。

然而這種說法意味的是，「敵人」對我們的看法，遠比我們的誠信還要重要。認爲我們應該要效法右翼政治群體的操作，強調爲了打贏勝仗，我們必須團結，這其實也同樣是一種誤認。那只是爲了享受到眼前的勝利感，而犧牲了更長遠的對未來的願景。

此外，或許現有體制並不重視柔和、脆弱、微妙差異、悲憫心與關懷，但那些絕對都是我們不可或缺的重要特質，更不應該爲此感到羞愧。我們的首要責任應該是好好照料彼此，畢竟我們現在所生存的體系不可能會照顧我們，但若我們總將所有批評都視爲攻擊，或者視爲變弱的徵兆，這項工作我們就永遠無法勝任。

討論事情應該怎麼推動、運動目標應該是什麼，絕對不是什麼「雞爭鵝鬥」。如果事情要有所改善，不同意見與批評絕對是必要的。如果人們確實受到體制傷害，他們就有權利訴說那些傷害，讓自己的聲音被聽見。若只因爲會造成不便，或因爲擔心這些不滿會如何外揚，就不讓他們說話，這是非常愚蠢的。畢竟，在運動中不被允許發聲的人終會離開，去尋找能被聽見的地方。每個人都有權利，以如其所是的面貌被看見。

並不是只有「男性反對」是個問題，「男性允許」也可能是個絆腳石。我們女性從小就被教育，我們是否擁有作爲一個人的價值，取決於男性對我們的看法，而我們值不值得獲得愛情，也取決於男性。

這個體制會運用戀愛與浪漫作爲壓迫與控制的手段。某些行爲與特質被視爲討人喜愛，某些則否。而女性對此壓迫的回應是，修正自己的行爲與特質、服膺那些規則。

在現有體制裡，愛情只不過是另一個要奮鬥、要競爭的東西，而且風險甚鉅。因爲浪漫愛所影響的，不只是我們看待自己生命意義的方式，更是我們建構這個社會的基礎。情侶們會共組生活、共同理財，他們還會生兒育女，繁衍下一代。

即便單親母職逐漸興起，單親媽媽的人數逐漸增加，社會接受程度也日益提高，但在這個如此以浪漫愛爲組織原則的社會中，在伴侶共同育兒（若兩人沒有分開，大抵上就會組成核心家庭），跟一人獨力育兒之間，我們很少有其他選擇。在這個經濟不穩定的時代，單親母職代表你得自行吸收所有在財務上、情緒上與實體上的風險。這件事會帶來極大傷害，甚至比西方社會一直在刪減各國的社會福利方案還要更慘。

我們等待愛情來救贖自己。對異性戀女孩來說，這代表的意思是，即便我們總愛談要獨立、要培力，但實際上，自我培力的目標往往是爲了要讓自己在愛情市場上變得更有競爭力。

要證據嗎？那麼讓我們看看，若我們選擇不進入浪漫愛的結構，手上有哪些選擇。一般來說，如果你不只是拒絕進入婚姻，同時也拒絕進入感情關係，那麼你的生活選擇，就只剩下孑然一身。因爲絕大部分女性都認爲，自己的感情生活終將影響後續生命安排，終將帶著她們進入母職，終將告訴她們應該在哪裡、要如何生活。所以如果你不願意進入那樣的設定，那麼你絕對會孤老終生。

這也是爲什麼，若你決定在婚姻之外生養小孩，那個孩子就是你一個人的責任。我們的社會根本沒有（或者只有非常非常少的）社區生活空間，在非戀愛關係的伴侶間也缺乏育兒守則或契約。換句話說，除非你有錢能夠用買來的照顧服務取代你自己——不管是請保姆，還是請管家——否則你就是只能靠自己。

現在的問題是，對異性戀女性來說，除非她們已經準備好單身一輩子，否則她們勢必得依靠男性去組織自己的生活。（在這個時代，「單身狀態」深受熟齡未婚女子的稱許，因爲她們認爲，單身代表尚未找到伴侶前所享有的獨立狀態。這往往還是假設：女人終將進入感情生活，成爲某人的伴侶。）

婚姻制度已成功捱過女性主義者與酷兒理論家數十年來的強烈攻擊，從婚姻本身帶有的煩人象徵意義——女性只是從父親移轉給丈夫的財產，到婚姻如何藉由犧牲女性的健康、職涯與快樂，以強化男性的生活品質，幾乎所有面向都已有所著墨。他們的作品都極爲重要，但我將不在此贅述。

我想強調的是，對於婚姻的預期心理，如何改變女性主義的目標及實作。

由於除了靠自己之外，實在沒有什麼浪漫愛以外的替代方案，能夠作爲女性安排生活的原則，因此打從青春期開始，我們就有所壓力，要讓自己變得討人喜歡又有性吸引力，以吸引你的潛在伴侶。

就拿美麗爲例吧。至今，美麗仍然與討人喜歡的特質緊密關聯。女性主義者曾試圖拓展對於美麗的定義，以解決這個美與醜、可幹與不可幹的二元對立觀所帶來的壓力。後來這成爲一支女性主義的倡議行動：肥胖的身體也很美麗、非白人的身體也很美麗、有殘疾的身體也很美麗。

然而在我們的文化中，美麗並不只是與身體特徵有關，也與社會觀感有關。這就是爲什麼媒體總會時時刻刻提醒我們，那些太「超過」的女性——不管是太野心勃勃、太獨立，還是受太多教育——都很不討人喜歡。

於是，現在唯一合理的選擇，就是同時拒斥美麗與醜陋的概念。不是要去拓展美麗的範疇，而是要直接推翻它，要拒絕貼標籤，要拒絕評價美醜。

當然，我們並不需要回到第二波女性主義的時代，全面拒斥胸罩或時尚或化妝或讓專業設計師剪頭髮。（儘管被拒絕、不被承認、甚至是被男性凝視拒斥個一兩年，也不會傷害任何人。）我們只是要讓整個美麗、社會觀感、討人喜歡、有性吸引力的觀念，從我們的價値觀中去除而已。但如果浪漫愛還是我們生活的核心特徵，這件事就永遠不可能成眞。

（由於在現有體制裡，愛情就跟財富與工作一樣，都是一場競爭，因此這些美麗的標準、這些行為準則、這些社會觀感，其實往往被其他女性所支持與延續。從父權體制中獲益的女性，會確保體制繼續運轉，同樣地，從這些對愛情、對性吸引力的標準中獲益的女性，也會協助讓那些標準繼續作用。）

我們的問題並不是那些試圖變得漂亮或討人喜愛的個別女性。在 Instagram 上發自拍照的女孩並沒有毀掉女性主義，在 Tumblr 上書寫「社會認為很醜的身體其實很美」的女孩當然也沒有。眞正的問題在於，女性主義提供女性的、讓她們的生命也能具有意義與價值的替代方案，竟然如此之少。我們沒能創造出一個新的下層結構，讓女性能過不一樣的生活，能選擇活在浪漫愛複合體之外。我們甚至連一個這樣的想像都沒能創造出來。

婚姻制度明明已經廣受女性主義者抨擊，我們卻誤以爲那樣的社會關係只是需要經過重新協商。明明是整個婚姻制度出了問題，我們卻誤以爲個別的婚姻關係狀態能夠透過協商，變得更平等、更相互扶持。然而，取消這場長達數百年、數千年的壓迫與控制的責任，根本不應該讓個別女性去承擔。愛情的存在本身不是問題，有問題的是愛情變得至高無上，將浪漫愛與感情、與社會、與物質獎勵，全部連在一塊。

女性主義者並不需要斬斷自己發展浪漫愛的可能性，但我們應該要質疑，我們爲何賦予浪漫愛如此高的特權，勝過任何其他形式的愛，像是家族愛、朋友愛、社會愛。我們應該要質疑，爲了被愛，我們被要求做到什麼事情，以求被愛。我們應該要質疑，發展性、愛與家庭的可能性如何被懸在女性面前，被作爲一種規訓。我們更應該質疑，女性爲何總是如此殷切地想內化這種控制的手段。

眞正受到阻礙的，是我們的想像力。我看了許多女作家寫的書以及許多女導演的電影，她們向觀衆展現女性角色具有價值的方法，是讓作品中所有男性角色都愛上她。即便女主角身心受創很深、個性很難搞，或者爲了要進入親密關係曾經歷過一堆鳥事，男性角色們還是會衆星拱月，表達他們的心意，告訴她：他們隨時都在，只要等她「準備好」，然後深情款款地望著她。

我們的敘事，展現了我們重視的價值。而那些談愛情、談自我培力、談成功的傳統女性主義敘事所顯露的是，我們仍然期待透過男性賜予我們價值，或者透過她們所衡量意義中的工作或財富，或者期待男性可以告訴我們，我們很惹人喜愛。實在沒有太多敘事或概念可以告訴我們，要如何自外於這些體系生活，卻仍有被重視、被尊重的感覺。在我們的文化中，如果要出現一位偏好獨身的有名女性，她勢必得表現得像個男性獨身主義者那樣：經濟獨立、性慾旺盛、膝下無子，且與任何社群或外在社會都毫無往來。

要開始打造下層結構前，我們必須先想像出一些東西，否則這工程就沒辦法開始。可是就想像與現實這兩個戰場，我們都輸得一塌糊塗。那些最偉大的怪咖們，無論是艾蜜莉．狄金生（Emily Dickinson）、西蒙娜．韋伊（Simone Weil），還是可可．香奈兒（Coco Chanel），全都被視爲異例，彷彿跟我們思考自己想要從生命中獲得什麼東西這件事毫無干係。就像我們拒斥德沃金和費爾史東這類的基進女性主義者一般，反正德沃金腦子有洞，費爾史東又太偏頗，沒有必要跟她們認眞。

女性主義擁有的力量可以轉變整個文化，而不只是加以回應。我們之所以沒有改變它，是因爲在我們之中，有許多人都是從這個根據浪漫愛所建構起來的社會裡獲得好處。不僅是在情感上獲得好處，在財務上、社會上、物質上也獲得好處。這世界永遠都會有身處邊緣的女性，像是沒性吸引力又沒人愛的剩女、沒錢的女人、性工作者，或者仍無法合法結婚的女同性戀們。她們永遠都是容易遭受攻擊的一群，因爲她們身處有性吸引力的女性主義者所享受的男性保護範圍之外。而且她們也常常被女性主義者視爲代罪羔羊、被忽略。或許是因爲那些社會拒斥的力量，容易讓女性主義者們想起自己有多麼容易就失寵，以及自己竟然還是如此依靠男性。

只因爲我們從某處獲益，不代表那就對社會有益，也不代表那已經是我們能做的最好選擇。想要促進實質改變，就應該要從想像著手，你必須給人們機會，讓他們能夠想像一個更好的生活方式。換句話說，女性主義過往對於愛情與婚姻的回應其實早已失敗。

對這一切我沒有什麼答案，我的問題反而還更多。我不知道接下來應該要往哪裡走，而我也不覺得自己不知道答案有什麼要緊。你千萬別聽那些說自己全都搞懂了的人亂講，他們要不是在撒謊，要不就是想從你身上得到些什麼。

沒有任何一個個人，或任何一個性別、種族、國家，有權利為其他人創造現實。我們的時代，應該要從支配走向合作，而非走向分裂。唯一可能讓此成真的方法，就是要認知到彼此其實享有共同責任，並且相互團結，而不是自我膨脹，還一副理所當然貌。單只因為某人或某個群體無法放下他們擁有的過高權利，完全不是我們能搬出「我有什麼就拿什麼」這種態度的理由。要戰勝自私自利的方法，絕對不是變得加倍自私。

「不是我們要處理的問題」跟「不是我們的責任」是不同的。男人雖不是我們的問題，卻是我們的責任。

這兩者的差異在於我們採取的行動不同。將男性妥善護送至啓蒙階段並不是我們的工作。我們不需要成爲傳教士，試圖讓他們改宗，信奉我們這個版本的思想啓蒙。

雖然用傳教的方式讓人改宗，實在非常吸引人。因爲我們可以控制結果。不知爲何，我們認爲自己最懂男性需求，於是我們基本上認爲，說服他們其實是送給他們一個天大的禮物。我們也確實嘗試要去說服男人相信——特別是我們之中，某些總認爲男人是我們的問題的人——我們最知道，男性應該喜歡什麼東西。

然而，透過改宗，其實我們眞正想要的，是要男人跟我們用同樣的方式思考，要認爲我們是對的，要符合特定的行爲準則，做我們理想的伴侶、理想的兄弟、理想的兒子、理想的同事。當我們把男人視爲我們的問題，追根究柢，我們其實只想著自己，以及男人與我們之間的關係。我們不斷訴說那些關於男性的敘事，透過我們談論他們的方式、與他們對話的方式，透過用交往或分手作爲獎罰的方式，試圖管理男性。大致上就像男性過去長期以來，都認爲女性是他們的問題那樣。

當我們將男人視爲我們的責任，而非我們要處理的問題時，我們就不需要回應那場改造男性的實驗結果爲何。我們就不需要假裝我們最懂，我們就不用是陽剛氣質的專家。

但那也不代表我們就要完全從這個過程中登出。我們可以給男人足夠的空間，讓他們可以嘗試、可以搞砸、可以想清楚。傳統的陽剛氣質型態、傳統的父職、傳統的伴侶關係正被反省，而我們的責任是：允許父權制度能夠自我恢復，並且創造新東西。我們可以肩並肩地創造新東西，不用讓任何一方專美於前，試圖宰制或者控制另一方。

給予空間意味的是，要少說一點、多聽一些，不要使用那些讓我們不舒服的文字或行爲進行懲罰，除非某人眞的做出帶來實質身體或心理傷害的事情。它也意味著，接受結果可能會有的不確定性。這其實是女性主義打從誕生之際就開始要求男性的東西——給予我們一些空間。他們做得不盡完美是事實，但這也不代表我們就應該拒絕給予他們同等的美德。

因爲當我說，女性主義擁有力量與責任，去重新想像、重新創造思想與社會時，我並不只有指涉「女性」。我的意思並不是女性必須帶領我們所有人前往新的聖城。能夠讓我們一起重新想像新世界的，是那個賦予女性主義力量的哲學——在那樣的女性主義中，男性與女性的價値與力量都是平等的。唯有在那個哲學之下，我們才可能朝向對全人類都有益的方向前進，而不只是圖利我們自己。男人可以，也應該要，參與這個計畫。

而要讓這件事情成眞，我們就得重新想像我們對待男人或者與他們相處的關係，以及我們心目中對於男人的定位。並不只有我們的想像力受到慾望的殖民，男人的想像力也一樣。他們也深受我們對他們的期待所影響。

讓我們創造一個互助、友好的世界，而不要再認爲，一個群體可以代表所有人。

第八章　安全是個腐化的目標

女性受盡苦難。要證明女性在過去歷史中，究竟因爲父權體制而在生理、心理與情感上受到多少磨難，幾乎是不可能的任務。而且，其實我們也沒必要在這裡花時間老調重彈，既然你都拿起了這本書，那你一定知道。我們都知道。

女性主義或許已經花了過多時間在書寫那些女性的受苦編年史了。想當然爾，我們是想證明我們的論點。我們希望人們可以明確知道，女性過去遭到如此大規模的磨難與摧殘，至今也仍然在受苦。書寫女性受苦史的部分原因，是爲了要給女性一些安慰；是爲了要告訴女性，若她們開始懷疑那些人們總說對她們好的東西其實對自己有害，那她們的頭腦並沒有壞掉；是爲了要讓她們知道，她們的認知失調有其根源。書寫女性受苦史，是爲了要戳破那個誤以爲我們的體制不會帶來壓迫的幻想，是要告訴我們，這個體制確實帶來傷痛。

但我們還別有所圖，我們希望能讓壓迫者停手。於是我們指出，你看，這是我的瘀青，這是我的傷口，這些都是你造成的，拜託停止。

我們曾經受苦是事實。現在的關鍵是，我們要如何面對這個受苦的經驗。稍微參考一下，在國際地緣政治中，一個群體的受苦經驗是如何被用來當成創造他人苦痛的正當理由。我們可以透過那些受苦經驗，讓傷痛激發，轉化成同理心，但我們不應該將其當作自己永遠不要再受傷的藉口。

當受苦的人高喊「我受夠了」時，都會面臨誘惑。夠了，代表下不爲例，人們會想要建立一種保護機制，堅持確保自己是安全的，不會再受到傷害。於是傷害的標準變得如雲霧般難以捉摸，幾乎任何形式，譬如暴力威脅，對過往傷痛的提醒，甚至是單純不舒服的感覺，都可能符合此處對傷害的定義。

安全跟控制有關。要有安全感，事物就必須可以預測，而唯一可能讓事物變得稍微能夠預測的方法，就是施加控制。無論是透過操縱還是強迫，控制都是侵害他人自由的不道德行爲。

安全與和平是截然不同的兩件事。安全是表面層次的整潔感，管控外顯行爲是首要任務。就像有的城市喜歡誇耀自己的街道有多麼安全、多麼整潔乾淨，監獄裡卻塞滿了無家者、窮人與精神病患。在這種城市亂丟垃圾的話，你不會被罰錢，但會直接被送去處公開鞭刑。

和平的城市絕非如此。一個和平的城市，有能夠處理貧窮與精神疾病的社會計畫，會提供流離失所的人適當住房，市民社群間會守望相助，造就了極低的犯罪率。

現在，談到婦女安全，彷彿就是要對男性施加嚴刑峻罰，復仇洩憤優先，更生教化其次。即便我們所有人都知道美國的監獄體制幾乎如同地獄般悲慘，但許多女性主義者仍主張犯罪者應被判得更久，並且倡議讓「仇恨罪」（hate crime）一詞入法，此舉勢必讓刑度變得更長。

婦女安全意味著要讓特定語言（譬如仇恨言論）成罪，透過連署請願與抗議去消弭這種粗魯言論，而不是透過生產文明且縝密的言論加以反擊。

這就是控制。爲了要有安全感，你需要控制身邊人們的言行舉止。但這並不是去追溯暴力犯罪的根源，甚至也不是去逐步緩慢地提升整體社會條件。這是噤聲，是消失，只是把討厭的人事物清除，眼不見爲淨罷了。

我並不是認爲，要優先保護人們進行暴力犯罪或發表仇恨言論的權利。我想討論的是，我們想要住在怎麼樣的世界裡。我們想要住在一個安全的世界嗎？我們想要將無家者趕出我們的城市，然後宣稱我們已經戰勝了貧窮嗎？大家快看，住在街上的人全走了，我們已經解決了那個問題，做得好！還是，我們願意去做困難的事情，嘗試找出並處理眞正對女人造成傷害的根源？

安全是個短期且無法持久的目標，因爲那些沒有處理的病灶終究會找到新的地方爆發。你當然可以拔掉眼前所有雜草，但斬草不除根，春風吹又生。

相反地，和平，卻是個値得我們奮鬥的目標。

婦女安全一詞早已被用來當作政治宣傳工具好幾百年了。如果你打算犯下暴行，只要大談那個你想毀掉的人會如何威脅到你們的女性即可。

從反移民法到入侵阿富汗，這招屢試不爽，一張又一張的海報主題，總是白女人們遭到駭人的黑色雙手傷害或掌控。我們千萬不要忘記，有多少女性主義者支持對阿富汗開戰的理由，是因爲塔利班壓迫女性。結果，我們不但沒有改善她們的生活處境，反而還殺害大量阿富汗女性，讓她們的日常生活變得更加不安全，更加充滿恐懼。

我們爲了女性從軍的「權利」而奮戰，我們更歡欣鼓舞，認爲現在女性有權至前線作戰，這是女性主義的勝利。這已經不只是他人假借我們之名開戰了，這次是我們自己，拿自己的安全作為持槍、侵略他國，以及戕害老百姓的藉口。

在高舉保護婦女安全的大旗後，我們應該要小心，要知道在過去歷史中，這面大旗如何被用來合理化暴力行為。

此外，當我們期待用一個父權體制，例如為許多人創造苦痛的、以犧牲窮人的正義而維生的刑事司法體系，來解決婦女安全問題，那更是不妥。畢竟，我們的刑事司法制度打從一開始，就是設計來復仇與懲罰，而不是用來更生與犯罪預防的。

確實，這個刑事司法體系已經辜負我們的期待許多年。它沒能妥善處理各種與強暴、家暴、性騷擾與性侵相關的指控，它時常反過頭來懲罰我們，卻更少或至少沒有同等地去懲罰那些傷害我們的人。我們已經看見司法體系是如何傷害這個社會中的男性，尤其是貧窮的黑人男性，我們也已經看見這個體系是如何處決他們、折磨他們，又是如何只因輕罪就被迫與社會隔絕多年。

然後我們還要到這種體系裡頭去找答案嗎？假設司法體系突然開始認眞面對女性所受的暴力犯罪，但仍無視它過往一手造成的其他不正義，難道我們眞的可以認爲這個體系的「改革已經完成」？難道我們眞的想把更多（貧窮、黑皮膚的）人推到這個生來就是要毀滅他們的制度裡頭嗎？

不久前曾有個鬧上法庭的案件，大致上跟許多其他司法案件一樣，雙方各執一詞，女方說自己遭到性侵，男方則說他沒有犯案。由於沒有物證，整個案件幾乎只建立在供述上，除了辯方提出的一項證據，也就是數封女方寄給男方的電子郵件，內容寫著她對男方的愛意與渴望，而那些郵件的寄出時間是在系爭事件之後。女方在法庭上說，該次性交並非合意，但在信件裡頭，她卻說她很享受那場性愛。

有許多原因，都可能讓女性寄出類似信件給她們的性侵者。其中一個，是為了嘗試要讓性侵者停手。拜託不要再傷害我了，你看我有多麼愛你。

無論如何，法官如他應是地撤銷了本案的告訴。那些郵件挑起社會大衆對指控女性證詞的連番質疑，極有可能這整場指控都只是為了要報復男方對她的冷落。女性主義者們群起暴怒，高喊道應該要相信女性說的話、女性才不會對這種事情說謊。說老實話，女性主義者應該要稱許，或至少應該要尊重這個裁定，並將之視為一場公民權利的勝利——對那名男子來說，確實是場勝利，對民權來說更是。因為這名具有印第安血統的男子並非白人，而他最後並沒有只因這個白人女性的片面之詞，就無端被丟上火車載往監獄。不要忘記了，在過去，白人女性對有色人種男性的指控可是足以導致私刑或創造冤獄的。

畢竟，女性就真的會對這種事情說謊。她們有各式各樣的理由可以說謊，譬如說要復仇，或者要爭取注意力。有些女人是很糟糕的，我們不應該忘記這點。我們也不應該堅稱，女人不會透過說謊來增加自己的可信度，因爲所有的錯誤指控都會立即傷害我們如此聲稱的可信度。

女性主義者應該要支持那位法官的裁定，因爲我們的目標應該是正義。不是虛假的正義，更不是那種，只因爲她是女生所以她的證詞就更可信的，那種不正義。

但是——我彷彿聽到你對我大喊——當女性指控男性強暴和性侵時，眞的有男性死不相信。眞的有男性總把女性想得下流齷齪，認爲女性到處跟男性上床，就只爲了之後可以指控他們性侵然後毀掉他們的一生。不然你說，我們還能怎樣說服這些人？

讓我再重申一次：男人不是我們的問題。你不可以因爲某些男性有問題，就過度補償，認爲我們女性有多純眞無邪。面對他人不義的行徑，我們應該要堅守自己的人性，而不是堅稱我們就是比較好、比較誠實的人。這代表我們得承認，有些女人確實會做不入流的事情，確實會犯下暴力犯罪，確實會爲了得到想要的東西而說謊。我們的工作不是要去說服任何人相信任何事，那其實也是另一種控制的形式：說人們想聽的話，好讓他們相信我們想讓他們相信的事。我們的工作就是要好好地做人。

如同前面幾章的討論所說，我們必須了解，自己確實有復仇的慾望。現在這個年代或許是史上第一次，女性對男性提出的指控會被仔細傾聽，因此我們確實有改變的機會，而我們應該要謹慎面對這樣的可能性。

身處於一個滋長憤怒，會以反覆重述自身受苦史來強烈回應違規行徑的文化中，寬恕與克己是我們相對缺乏的特質。在社群媒體上，類似的行徑反覆上演。當某男遭指控性侵某女時，大家第一時間的反應就是要那個人被解聘，即便該爭議完全是私領域的事，跟他的工作毫無關聯。當有教授被指控性侵他的交往對象？連署，要他的學校開除他！當有醫生遭到指控？把那個王八蛋加入黑名單，最好讓他倒閉失業！

這不是正義，這也無法爲女性創造一個更安全的環境。雖然抗議者們聲稱，他們的訴求是要保護女性，他們的所作所爲卻絲毫不是如此。

我們所做的，其實是找到一個男人，要他背負我們整段痛苦歷史的重量，要他爲全天下那些曾經傷害我們，並且曾經逍遙法外的男人們贖罪。這就是一場復仇。而我們的內心渴望復仇，所以這永遠都不夠。

我們不想要理解，我們想要摧毀某人的生命。如果不是那樣，當一項對男性不利的指控出現時，那些自稱女性主義者的女性就應該會主張自我約束，就應該會允許讓人們選出來處理刑事起訴的體制做決定，到底該怎麼回應這項指控。若那個體制已經崩壞，如同我們的刑事司法制度那樣，她們就應該會訂定目標，試圖促進體制改革，提倡更生、調解，而非刑罰；又或者，她們應該會努力打造一個不同的方式來處理這種人與人之間的議題。

女性不信任刑事司法體系能夠合理果斷地處理女性議題，這當然可以理解。但是鄉民式正義並不是解答，堅持過當的嚴刑峻罰——彷彿成爲《舊約聖經》中的耶和華，當有人褻瀆上帝就降下洪水，當出現不受允許的性行爲就毀滅整個城鎮——也對我們毫無幫助。

當我們是用這種「第一要務」的方式在討論婦女安全時，我們其實是把女性從這個社會中隔絕出來，而不是替她們開創更多空間。我們等於是在談，如何創造更多控制與操縱手段；我們等於是在說，這個世界的要務，不需要調整成公平與和平優先，而應該要以我們的特殊需求和慾望爲先。如果我們繼續用過去我們曾經歷過的事情，作爲群體的自我認同，那麼我們就只會繼續是客體，而非主體。

一旦安全成爲目標，一旦我們已經達到那個受夠了的臨界點，我們就會開始偵測環境中的所有威脅，我們就很容易搞不清楚何謂惱人的行爲，何謂眞正的攻擊。當你處於警備狀態，就連朋友看起來也像是你的敵人。高喊著安全與保護，更可能成爲讓我們不需要爲自己處境負責的手段。

事情總是比人們願意承認的還要複雜。犯罪、衝突或甚至不同意見，只要在某人身上黏貼攻擊者的標籤、在另一人身上黏貼受害者的標籤，這一切就變得簡單。被標籤爲受害者有很多好處，你說話會有人聽、有人注意，人們會同情你，只要你被宣告爲受害者，社會就會允許你好好休養，會給你時間讓你療傷。你所做的一切都是勇敢的。現在你應該可以同理，爲什麼有人想要主動進入那個身分，爲什麼有這麼多人捏造自己受害的故事，爲什麼會有人出版回憶錄佯稱自己從大屠殺中倖存，會有來自郊區的白人少女佯稱自己是城市的幫派分子，會有白人男性假裝自己是美國原住民，會有母親刻意讓自己的孩子生病，只爲了在醫院引人注意。

認爲女性絕對不會謊稱自己爲受害者的論點，部分是因爲受害者往往會遭到大衆殘酷且嚴厲的檢視，所以爲什麼會有人想要刻意去經歷那些？我們其實都知道原因。我們知道，是因爲過去已經有太多人都用這種方式撒謊了。

只要你有辦法和歷史上飽受欺凌的受害群體扯上關係，例如女人，要當受害者就更容易。攻擊者的不明動機瞬間就得到解釋——攻擊者一定是仇女，不然，他才不會去毆打或性侵或出言不遜或思想不淨或去偷那個女人的東西。

犯罪、攻擊，或是令人不舒服的遭遇，都是社會互動。有些時候，就是有一位攻擊者，與一位無端捲入的受害者，一清二楚。譬如，有時候你的錢包就是會被扒手盯上，在這種情境裡，受害者什麼事都沒有做錯，也完全沒有參與讓自己成爲受害者的過程。但也有些時候，情況會比較複雜。譬如，當你到貧窮國家旅遊，卻戴著昂貴手錶或背著高調包包；當那支手錶或包包被扒走，情況就會比較複雜。這絕不代表你活該成爲那個犯罪被害人，不過情況確實就會變得比較複雜。

有些因素不能不注意，不負責任的個人態度也必須被挑戰，否則仇恨的種子就會萌芽。如果你是個家境不錯的北美洲白人，然後來到，譬如說拉丁美洲好了，而這件事情發生在你身上，如果我們毫不質疑你究竟如何落入此處境，我們就會很輕易地說，喔這個國家的這些人眞是骯髒又有犯罪傾向。

這就有點像，我們宣稱那些傷害我們的人一定是仇女分子。對，有人確實仇女，但那並不是帶來這種社會互動的唯一原因。可是，如果我們處於高度警備狀態，就連極小的不同意見看起來都會像是攻擊了。你可能多半是在網路上看見這種局面，因爲每個人在網路上總是處於高度戒備狀態。當有男人（對，他確實應該要閉上嘴巴不要亂講話）對某位女性的主張提出疑問，瞬間他就成了仇女分子，接著這位女性作家就可以斷然拒絕思考這個男人提出的問題。而且，甚至連提出疑問本身，似乎都成了某種程度的攻擊。

這種想法，同時也讓人際衝突全都成了因仇女而生的犯罪。而女性，在感情世界中時常感到弱勢無力，就可以挪用這個框架，替自己所做的一切壞事脫罪，譬如，在關係中或在約會時當個爛人。當事情並未順著她的意思發展，我們就總有方法可以這樣理解：一切都是因為那個男人明確且赤裸裸地仇女。

相反地，我們不會這樣理解：感情中的男女總有辦法彼此傷害，這是很正常的現象，畢竟親密關係本就容易使人受傷。

將攻擊者貼上仇女分子的標籤，讓我們可以化約地去理解所有發生在我們身上的事。這並不只是因為我們，而是因為我們是女性。但是，小心那些化約的故事與寬以待己的敘事。因為那些就是眞正的仇女分子、眞正的掠食者，實際上會用來對我們不利的武器。

簡單來說，活在這個世界裡，以及參與這個世界，眞的會搞死你。優先保護你自己或你所屬群體的安全，而不是去創造一個對所有人都安全的環境，其實就等於是在拒絕參與這個世界。因爲那等於在說，這個世界不夠好，而且在它臣服於我的意志前，我什麼事都不會做。

拒絕參與、拒絕讓自己受傷、驚嚇，或搞砸事情，對於那些你宣稱是同盟的人來說，是背叛。女人們，如果你想要爲你的群體創造一個更好的世界、一個更好的存在，你就得參與現存的這個不完美的世界。

而且，如果我們總是拿自己的受苦經驗，作爲創造他人苦痛的藉口，我們的那些過去到底還有什麼意義？一切就都白費了。讓我們將這些痛苦悲憤轉化成力量，試著從中學到一點什麼吧。

第九章　我們現在該往哪裡去

你並沒有實踐錯女性主義。

你沒有毀了女性的好事，也沒有背叛你的姊妹。你每日爲了生活所做出的選擇——你的髮型、你的飲食、你簽的連署、你發聲的議題、你付費或非法下載的電視節目——並不會毀滅這個世界。

但同樣地，你也沒有拯救這個世界。你的髮型、你的飲食、你簽的連署、你發聲的議題、你付費或非法下載的電視節目，並沒有讓你英雄般地改變世界，讓它成爲對女性來說更安全的地方。

女性主義遠離集體行動、集體想像，變成一種生活方式的現象，實在太久了。生活方式不會改變世界。

我們目前生活的父權體制，肯定希望你相信一件事情：你只能靠自己。你要獨立與自由，對吧？獨立，然後你一轉身就迎來脆弱與孤獨。自由，然後你發現自己存在於一片虛無中，漫無方向指引，沒有基準可供參考。

女性主義可以，也應該要，成爲這種孤立的另一種選擇。它應該要是讓我們可以創造別種生活型態的一種方法。

我們眼前有個非常嚴重的障礙：大家都希望自己的生活是舒適的。現在是個開啓革命的有趣時機點，因爲沒有人的生活眞正舒適。隨著當前政治、經濟、社會的不安定性持續增加，每個人的生活無時無刻都可能分崩離析。面對這個不穩定性，與其一味地嘗試支撐一面終將崩塌的牆，爲何不做點有創意的事情？

不要再試著於混亂中維持秩序了。不要再試著優先拯救你自己與你的所有物了。已經有太多不堪的暴行，是以「保護家庭」之名所行了。

我們需要定義我們重視什麼價值、我們如何展現其價值，而我們又要求社會應該看重我們身上的什麼價值。

目前，我們是透過金錢，以及隱藏在「收入」與「價值」間的潛在連結意涵，來展現價值。譬如，財務有困難的人，就一定缺乏生產能力，而且毫無價值可言；譬如，經濟優渥的人，就一定極具生產能力，而且貢獻非凡。但在此同時，如果我的付出沒有獲得報酬，那項工作就一定很沒價值。

爲了瓦解我們現在這個父權體制的、資本主義的、消費主義的社會，我們必須追尋這些存在於我們與其他人心中的價值體系。我們必須停止訴說那些將財富與價值劃上等號的故事，必須想像一個用愛或者關懷來展現價值的世界。

我們也必須停止走向父權體制，並要求它重視我們。我們必須對自己承認，在這個體系中獲得的成功，都應受質疑。

我們必須理解自己的力量。我們不是這個文化所賜的恩惠，我們也是這文化的一分子。我們有力量形塑它，但這需要動手做，不能只是單純動嘴巴。不要再看見黑影就反射性開槍，要保留火力，瞄準機制本身。

我們得停止對文化做要求，我們應該直接去佔領它。我們必須記住，我們的世界不一定要如同現在這樣運轉。我們沒有一定得獎勵剝削，也不一定得支持那些破壞地球、破壞我們的靈魂與身體的那些種種。我們可以反抗。我們得停止如此狹隘的思考。

我們必須奪回自己的想像。我們一直受到父權式想像的箝制，已經生病了。我們只能看見他們所能看見的。

我們必須重新開始，超越我們被給定的結構，我們必須看得更遠。我們安排自己的生活、家庭、工作與靈魂的方式——我們的世界觀，必須被徹底全面地重新想像。這比過往都要更爲重要。

如果你並不打算加入，如果你只想要你的生活舒服就好，如果你這一生就只想要賺錢、追劇、做一些自己能力所及的事情，那你就承認吧。你不是女性主義者。就站穩你的立場，然後接受它。

但我希望你改變心意。因爲我們需要你。

作者後記

我深深受惠於下列作者與其著作的啓發：莎拉·舒爾曼（Sarah Schulman）、蕭沆（Emil Cioran）、杜布拉卡·烏桂希（Dubravka Ugrešić）、施羅默·桑德（Shlomo Sand）、維吉妮·德龐特（Virginie Despentes）、法蘭克·貝拉迪（Franco "Bifo" Berardi）、伊莎貝爾·洛瑞（Isabell Lorey）、貝爾·胡克斯（bell hooks）、西蒙·波娃（Simone de Beauvoir）、瑪蒂爾達·伯恩斯坦·希卡摩爾（Mattilda Bernstein Sycamore）、賈桂琳·羅斯（Jacqueline Rose）、黛安·迪·普里馬（Diane di Prima）、蜜雪兒·克里夫（Michelle Cliff）、海倫·嘉娜（Helen Garner）、蘿拉·吉普尼斯（Laura Kipnis）、瑪莉亞·塔塔（Maria Tatar）、艾瑪·高德曼（Emma Goldman）、

瑪麗娜・華納（Marina Warner）、伊娃・易洛斯（Eva Illouz）、布魯斯・本德森（Bruce Benderson）、愛蓮・西蘇（Helene Cixous）、馬克・辛普森（Mark Simpson）、索尼雅・法雷洛（Sonia Faleiro）、西蒙娜・韋伊（Simone Weil）、史蒂芬妮・昆茨（Stephanie Coontz）、亞維拉的聖女德蘭（St. Teresa of Ávila）、茱莉亞・克莉斯蒂娃（Julia Kristeva）、珊卓・羅德里奎・涅托（Sandra Rodríguez Nieto）等人。**去讀他們的書**。

譯後記

文／柯昀青

在與編輯大喊「這本書我超有興趣」之後，我剛好因爲工作因素飛到美國麥迪遜城待上一陣，拋下編輯繼續處理簽書接洽的事宜。某個午後，我趁著陽光從大學校園走到小鎮主街上偷閒，沒想到走沒多久，轉眼間下起一場猛暴驟雨，眼看雨水即將積成小河，我一邊咕噥著「湖區氣候有夠詭異」，一邊趕緊彎進街旁一間小書店躲雨，沒想到身上雨滴都還沒拍落，就一眼瞥見了這本書名挑釁、設計也吸睛的小書。

「我才不是女性主義者」？

若是幾年前，在架上看到這本書，我可能一秒都不會駐足。畢竟，這句話像極了兩性專欄作家的起手式——先說，我不是喔！我支持男女平權、愛自己、認爲自己有參政權、工作權，也應該同工同酬，但我也愛男人，愛美，追求生活，我們不像「那些」女性主義者易怒、咄咄逼人，把邋遢當基進。當時我還在擔任大學社會學課程的助教，在談性別的那一週，總愛拿這種自我澄清作爲案例，和同學共同思考女性主義在台灣社會如何被誤解爲「大女人主義」，以至於在某些瞬間，竟然與沙文主義式的論述語彙中有些雷同。不過，當美麗聰穎的艾瑪・華森成爲聯合國世界婦女親善大使，掀起了著名的 #HeForShe 運動（與 hashtag）；當好萊塢眾男神們，如「BC」（班奈狄克・康柏拜區）、「抖森」（湯姆・希德勒斯頓），一個一個穿上「女性主義者長這樣」（This is what a feminist looks like）的白色T恤，事情彷彿有了轉機，女性主義總算不再是個髒字眼，越來越多討論的方向轉變爲：不管你是不是女性，你都應該要是女性主義者，而且我跟你說，其實你早就在做很女性主義的事情了喔！

什麼，原來人人都是女性主義者嗎！什麼，原來追求品味生活，原來追求事業成功，原來購置私密保養精油香氛與美白面膜，全都很女性主義？

正是在這個脈絡之下，閱讀傑莎・克里斯賓這個帶著決絕（以及憤慨）的高呼，顯得格外有意思。

你醒醒啊！

如果說每本書都有一個關鍵命題，這本書大概是這樣：當女性主義一詞越變越當道，當這個概念的內涵看似包山包海，當人們膝反射式地要懲罰世上所有出現性別歧視言行的個人（但卻只停留在懲罰個人而沒有更進一步）時，如何可能反過來阻礙女性主義的改革進程？

說起來好像很複雜，但其實很簡單。在翻譯與閱讀這本小書時，我總覺得克里斯賓好像在狂搖我的肩膀——這樣真的好嗎？這樣說有合理嗎？我知道這樣做很開心，但你要不要再想一下？我跟你說，這樣真的不行，不要再往那邊去了。天啊，你快醒醒啊！

醒醒啊，人們。性別是做出來的，生活當然也是你實踐政治想念與行動方案的場域。但純粹只是過你想要的生活，然後將其貼上女性主義或女性主義者的標籤，絕對沒有辦法改變這個根深蒂固、充滿衝突矛盾，一手對反抗者給予懲罰，一手對服膺者獻上鮮花珠寶以及權力的體制。

這本書確實像是一場猛暴的驟雨，看似挑釁或者輕佻，卻是希望洗去籠罩性別運動上頭的迷霧與烏雲，讓我們得以繼續前行，但不至於步入死巷暗渠。

我們不是女性主義者，但這樣的呼喊反而是一種回歸政治改革的行動宣言。

國家圖書館出版品預行編目 (CIP) 資料

我才不是女性主義者：一部女性主義宣言 / 傑莎・克里斯賓 (Jessa Crispin) 著 ; 柯昀青譯 . -- 初版 . -- 臺中市 : 好讀 , 2020.04
面 ; 公分 . -- (發現文明 ; 40)
譯自 : Why I Am Not a Feminist：A Feminist Manifesto
ISBN 978-986-178-513-4(平裝)

1. 女性主義

544.52 109001039

好讀出版

發現文明 40

我才不是女性主義者：一部女性主義宣言

作　　者／傑莎・克里斯賓 Jessa Crispin
譯　　者／柯昀青
總 編 輯／鄧茵茵
文字編輯／王智群、林泳誼
行銷企畫／劉恩綺
封面設計／鄭年亨
發 行 所／好讀出版有限公司
407 台中市西屯區工業 30 路 1 號
407 台中市西屯區大有街 13 號（編輯部）
TEL: 04-23157795 FAX: 04-23144188 http://howdo.morningstar.com.tw
（如對本書編輯或內容有意見，請來電或上網告訴我們）
法律顧問／陳思成律師

總 經 銷／知己圖書股份有限公司
106 台北市大安區辛亥路一段 30 號 9 樓
TEL: 02-23672044 / 23672047 FAX: 02-23635741
407 台中市西屯區工業 30 路 1 號
TEL: 04-23595819 FAX: 04-23595493
E-mail: service@morningstar.com.tw
網路書店：http://www.morningstar.com.tw
讀者專線：02-23672044 / 23672047
郵政劃撥：15060393（戶名：知己圖書股份有限公司）

印　　刷／上好印刷股份有限公司
初　　版／西元 2020 年 4 月 1 日
定　　價／300 元
如有破損或裝訂錯誤，請寄回臺中市 407 工業區 30 路 1 號更換（好讀倉儲部收）

ISBN 978-986-178-513-4